木原通夫・志保田務

分類・目録法入門

新改訂第6版—メディアの構成—

志保田務・田村俊明・村上幸二
改　訂

NDC 新訂 10 版
NCR1987年版改訂 3 版
BSH　第 4 版

準　拠

第一法規

東京・2020

新改訂第6版　は し が き
～「メディアの構成」に照準をあわせて～

　2007年の第5版の改訂以来，12年が経過しました。その間，2014年に学校図書館法の一部改正によって学校司書が法制化され，2016年秋，学校司書のモデルカリキュラムが文部科学省から発表されました。

　本書は，まず司書課程の「情報資源組織論（および同演習）」の簡易なテキストを目指しました。本タイトル"分類・目録法入門"はこのことを示しています。もう一つのねらいは，学校図書館司書教諭課程における「メディアの構成」のテキストとなることです。サブ・タイトルはこの領域への言及を表明しています。そこで司書科目「図書館情報資源概論」と関係する部分は学校図書館に集中しました。

　そうして，初めて図書館情報学を学ぶ人が，図書館における資料・メディアの構成と，分類法・目録法を有機的に理解できるように図りました。

　司書業務関係では技術系ともいえる科目であり，論述，演習のためのツール（マニュアル）が必要です。以下のツールに準拠し，これらを基本に平易に解説しました。

分 類 法　日本十進分類法（NDC）新訂10版　2014年刊
目 録 法　日本目録規則（NCR）1987年版改訂3版　2006年刊
　　　　　（2018年版が未実用のため）
件名標目　基本件名標目表（BSH）第4版（ケース入り）　1999年刊
　　　　　（基本件名標目表　第4版〔本表〕）
　　　　　（分類記号順標目表・階層構造標目表）
　　　　　ただし同版第4刷（2005年）が施した訂正に拠る。
　　　　　中学・高校件名標目表　第3版　1999年刊
　　　　　小学校件名標目表　第2版　2004年刊

参　　考：日本目録規則（NCR）2018 年版　2018 年刊

英米目録規則（AACR）2R2002ed.

RDA（Resource description and access）2010

　本書はこれらのツールそのものを手元に置かずとも，分類法・目録法を学びうるよう意図しました。NDC 第 3 次区分本表を，一部詳細表を付し掲載し，これらに解説を施し各種分類記号に該当する図書を示したのが顕著な例です。分類演習上，軽便にご活用いただけるものと信じます。

　書誌記録（出力）例は，カード目録の形との印象を受ける形で表示しました。コンピュータ目録の現代ですが，利用者用の表示形式は各図書館によって決定される多様性があり，かねてからのカード目録と同様あるいは，類似の形も多いカード系の表示を採用しました。この間，変化の目立った第Ⅷ章関係は刷新しました。

　これらを，利用者の資料検索法に視点を据えて総合しました。

　本書は図書館情報学を学ぶ学生のためのテキストを意図するもので，扱っている内容は学校図書館を，また，分類の規模などは中小公共図書館のそれに該当するものです。それゆえ現職の公共図書館司書，学校図書館の司書教諭，学校司書の研修にも活用できる軽便な基本書となるよう図りました。

　1987 年の初版は故・木原道夫教授の牽引の下に成立しましたが，以降 30 余年，5 回の改訂で，井上祐子，中村静子，大平睦美，常世田良，中村恵信各先生など多くの方のお世話になりました。感謝で一杯です。

　本改訂では，田村俊明（武庫川女子大学講師），村上幸二（神戸松蔭女子学院大学講師）という実力者を配し，新訂 NDC，NCR の改訂に沿って記事を一新しました。ただし，手軽，コンパクトに使えるよう最小限のテキストとするという良き伝統は維持しています。また，家禰淳一（愛知大学教授），西浦直子氏に編集上の協力を頂戴しました。改訂進行上，第一法規・金成文恵氏のきめこまかい工夫に助けていただいたことに感謝しています。

最後に NDC，NCR，BSH の一部転写をお許し下さった日本図書館協会，中学・高等学校件名標目表，小学校件名標目表の例示，引用でお蔭を賜った全国学校図書館協議会に対して厚くお礼申し上げます。

2020 年 1 月　　　　　　　　　　　　　　　桃山学院大学名誉教授
　　　　　　　　　　　　　　　　　　　　　博士（図書館情報学）
　　　　　　　　　　　　　　　　　　　　　　志保田　務

〈排列〉と〈配列〉について
　〈配列〉との使用の方が現代に合っていると筆者は考え，これを主用してきました。NDC も〈配列〉を採用しています。ただ，NCR，BSH で，〈排列〉との表現が採られているので，本書では両者の直接の規定に関する限りで〈排列〉の文字を使用します。

目　　次

iv

第Ⅲ章　著者，タイトルからの検索　1　目録法総論

第Ⅳ章　著者，タイトルからの検索　2　記入の作成

別冊　目録記入実例集

第Ⅰ章　序　説

　本書は，サブタイトルに挙げたように，図書館における「メディアの構成」のためのテキストである。それは，"学校図書館司書教諭講習科目"「学校図書館メディアの構成」に拠っている。

　図書館の資料（メディア）関係の仕事は，どのような資料を選び，活用してもらうかという課題から始まる。現実に資料を受け入れると，利用が実現するよう，分類，配列し，目的の資料に確かにアプローチできるよう，目録を作成する。そこでの中心は，メインタイトルにある「分類・目録法」で，"大学における図書館に関する科目"「情報資源組織論」にも相当するところである。最後に多様な学習環境と図書館メディアの構成について，構想する。

1.　資料組織：メディアの構成

　人類の歴史上，言語が編まれ，知識が深められ，図書などに記録された。図書が増え，また，読者が増え，図書は共同利用される図書館におさまることとなった。「図書館」という名称はこうした歴史をもとに生まれた。20 世紀に至って，図書館利用は進み，図書館資料は，その必要なものが選ばれ収集され，利用しやすいよう，整理して利用に供されるようになった。例えば，図書館法（1950 年），学校図書館法（1953 年）に現われている（各々の第 2 条）。図書館が扱う対象は視聴覚資料など，資料一般に及ぶようになった。

　さらに今日では，提供されるものは「情報」であり，「資料」は「情報」の"容器"に過ぎない，との考え方も採られるようになった。むろん「資料」は「情報」を入れた形でのみ「資料」たり得，単なる容器は「資料」でない。一方，図書館はコンピュータ系の情報をも提供するようになった。これは「電子資料」と呼ばれる。今日，図書館の提供するものは情報，資料の双方と考えられる。両者をまとめてメディアと表現される。

　図書館は資料を収集する。また，これを整理（分類・配架，目録）して利用

に供する。これらの業務を資料の組織化という。狭義の"メディアの構成"にあたるものである。広義の"メディアの構成"は情報の活用を含むであろう。

2. メディアの選択，収集，受入

　現代の図書館は図書・資料の館というメディアや場所の枠取りを越えて，情報伝達の機能を果たす機関となりつつある。資料，情報は選択，収集し，受け入れられ図書館の蔵書となる。この資料選択の基礎としてつぎの観点がある。

2.1　誰が選ぶ，どう選ぶ

　図書館資料の選択に関しては，結論的には，その図書館が選ぶ。しかし「図書館」といっても，図書館員たとえば購入・受入部署の担当者が個々に決定・発注してよいものだろうか。

　まずは，組織（全館，全学）の意見を容れて資料を選択する。ただしそこには，いくつかのしっかりとした基準が必要である。たとえば，正確な内容の資料，親しみやすい資料，公平な立場の資料を選ぶよっ「選書基準」として規定しておく必要がある。こうした，図書館側中心の選択方法を「価値基準による選択」という。

　　①　価値による選択：館員が有効とみるものを選択・受入する。これを価値
　　　理論，英語で Value theory という。

　しかし，価値だけを守っていては，奥行きのある選書ができない。利用者の意見を容れる機会をもたなければならない。こうした利用者の意見を中心に選書すべきとする選択理論を，要求理論，英語では Demand theory という。

　　②　要求による選択（要求理論）：利用者が要求するものを受入する。

　日本においてかつては，①の理論による選択が行われていたが，1970年代ごろから②の方法が採られるようになった。

　「要求理論」における「要求」は今では「予約」という形で把握される。

　しかし利用者は，図書館に必要なすべてのメディアに関して要求してくるわけでない。今日では，通常，要求理論に立ちつつ館員が補っていく，新価値論とでもいうべき立場が採られている。

2.2　図書館の自由

　図書館におけるメディアの選択は，外部や上部からの圧力によって侵されてはならない。「図書館の自由に関する宣言」（日本図書館協会）の主文にメディア選択の自由がつぎのように記されている（1954年宣言，1979年改訂）。

第1　図書館は資料収集の自由を有する〔下記概略〕

　　〈1〉　国民の知る自由を保障する機関として，あらゆる資料要求にこたえなければならない。

　　〈2〉　収集方針に基づき資料の選択，収集を行う。その際つぎのようにする。

　　　　1)　対立する意見のある問題については，多様な観点から幅広く収集する。

　　　　2)　著者の立場にとらわれて，その著作を排除することをしない。

　　　　3)　図書館員の個人的な関心や好みによって選択をしてはならない。

　　　　4)　圧力や干渉によって，収集の自由を放棄したり，自己規制をしたりしない。

　　〈3〉　成文化した収集方針を公開し広く社会の批判と協力を得るよう努める。

　図書館はこれを守ることを求められている。

　「図書館の自由に関する宣言」と表裏一体をなす「図書館員の倫理綱領」（日本図書館協会1980年決議）においても，〈資料に関する責任〉がつぎのように記されている。

　　　　1)　図書館員は図書館の自由を守り，資料の収集，保存および提供につとめる。

　　　　2)　図書館員は常に資料を知ることにつとめる。

　これらは図書館における原則であるが，学校図書館におけるメディアの選択には，児童・生徒の要求を汲む選定，教育的配慮がとられることが多い。選択されたメディアは発注，納入され，支払後，登録する。この手続を受入という。主な内容は，会計記録と資料への所蔵表示である（受入業務。広義ではメディアの構成に含まれる）。「受入」ののち目録作成と配架を行う。

4

　本章 2 (メディアの選択，収集，受入) の各項は，学校図書館 (司書教諭課程での学習) に軸足を置いて解説した。理由は，他の館種，特に公共図書館における関係業務は，司書課程科目「図書館情報資源概論」で扱われるからである。

3. メディアの組織化と検索

　本書が扱うメディアの組織化と検索は，下図のとおりである。

```
　　　　　┌─メディアの構成 (原論) (第Ⅰ章)，まとめ (第Ⅷ章)
　　　　　├─メディアの組織化 (作業)
　　　　　│　書架分類 (第Ⅱ章) ─ 書架上の配列 (第Ⅴ章)
図書館　　│　書誌記述の作成 (第Ⅳ章，第Ⅴ章) ─ MARC データの入力
メディア　├─メディアの管理 (利用者用画面) の構造化と管理 (第Ⅲ章，第Ⅵ章，第Ⅶ章)
　　　　　└─メディアの検索　OPAC 利用 (マニュアル) (第Ⅵ章，第Ⅶ章)
```

検索単位上の種別：著者，タイトル，件名，分類記号，キーワード
検索実行上のルート：簡易検索と詳細検索
　　　　　　　　　　漢字検索，仮名・ローマ字他の文字による検索

4. メディアの構成・組織化の過程

　目次順に沿って示す。

　第Ⅰ章 (序説) では，メディアの選択・収集について概観している。

　第Ⅱ章では，分類を軸に，テーマからの検索に備える。書架上の分類 (配架) および，目録を使ってテーマ検索する場合の分類記号，件名標目についての学習である。分類に関しては，日本十進分類法 (NDC) 新訂 10 版，件名に関しては，基本件名標目表 (BSH) 第 4 版に準拠する。

　第Ⅲ章は，目録法総論，図書館目録の種類・形態を論じ，規則を概観する。

　第Ⅳ章は，目録作成の実際である。その作成は目録規則に則って行われる。日本における最新の目録規則は日本目録規則 (NCR) 2018 年版である。ただし，同版は ISBD 区切り記号法を外すなどの新展開を見せた。そこで旧版で作

成・蓄積した目録記入との調整の必要が生じ，現在は国立国会図書館（National Diet Library：NDL）が 2021 年からの同版の使用に向けて準備をしている段階である。そういうわけで，同館提供の書誌データに大いに依拠しているその他の図書館においても，利用者検索用の画面上の表示，カード目録に片足を置いていた旧来の NCR1987 年版系の出力形との相違を考える域にない。

　第 V 章は，主題検索の実行に備える。件名，分類記号などを目録検索キーとし，「標目」より広い「アクセス・ポイント」と表現される。

　第 VI 章は，目録の編成。ここでは，第 V 章で述べたアクセス・ポイントから実際の検索ができるよう実現の機能を整え，さらに検索画面を整備して，書架・書棚（書庫資料を含む）への案内，在架（貸出中，予約中でないこと）の有無を示し，予約手続ができるよう構造化する。

　第 VII 章は，集中目録作業と共同目録作業である。20 世紀半ばごろまでは，1 点の資料に関して，たとえば 1000 館の図書館が購入していれば，1000 か所で 1000 の目録記入を作成していた。このような非効率的な目録作業の省力化を図るために，NDL 等が作成した「印刷カード」を利用するようになり，当事例でいえば，書誌データ提供機関における 1 回の目録作成作業で 1000 の図書館が基礎入力を省力できる状態に入った。1970 年代末のことである。これがカード目録系の集中目録作業である。

　さらに 20 世紀末ごろからコンピュータを活用した書誌データベースが各所で構築されるようになり，近来は各国中央図書館・目録作成機関が作成する MARC（MAchine Readable Cataloging）を利用した集中目録作業や，アメリカの OCLC や日本の国立情報学研究所（National Institute of Informatics：NII）がプラットフォームを提供する共同目録作業への集約が実現している。これらを基盤に横断検索，図書館協力，図書館界外の書誌情報（機関）とのシームレスな協働へと進んでいる。

　第 VIII 章は，多様な学習環境と図書館メディアの構成である。司書業務の本質と現況について，ここで総合した。学校図書館におけるメディアの組織化の部分は第 I 章と連携している。

第Ⅱ章　主題からの検索　1
—分類配架と書架分類—

1.　書架分類

　同一の主題をもつ資料をグループにまとめ，各主題間を一定の体系のもとに書架上に配列（配架）する。このための分類の規準を書架分類という。伝統的な図書配列法は，形態別・受入順であったが，19世紀後半から出版物の増加と，近代公共図書館の誕生による利用者の増加によって，この配列法では対応できなくなった。そうした時期の1870年，ハリス（William T. Harris）はF. ベーコン（Francis Bacon）の『学問の進歩』にならって主題から検索できる書架分類法を発表した。ただしベーコンと大項目の配置の順を逆にしたことから「逆ベーコン式」といわれる。この方法は，のちのデューイ（Melvil Dewey）の十進分類表，国際十進分類法 (Universal Decimal Classification：UDC) の出現により，近代図書分類法として確立した。その後，S.R. ランガナタン（Ranganathan, Shiyali Ramamrita）のコロン分類法など分析・合成型分類表へ進んだ。

　書架分類法にはつぎのような利点と問題点がある。

＜書架分類の利点＞

　主題からの検索が可能。同一主題をもつ資料が書架上に集中，さらに関連する主題の資料が隣接して配列されているため，近似の主題の資料の検索も可能。

＜書架分類の問題点＞

　1.　書架分類記号は一資料に一つしか与えられないため，一資料に二つ以上の主題をもつ資料でも，一つの主題からしか検索できない。

　2.　新しく資料が書架上に配列される場合，適切な位置に配列するためには，既存の資料の移動が伴う。また，そのためのスペースを確保しておかなければならない。

2. 資料分類表

資料を書架上に体系的に配列するためには，図書分類表によらなければならない。利用者がどこの図書館を利用しても，資料の配列が同じ体系によっていると便利であるし，また図書館間の共同作業（集中・共同目録作業，総合目録の作成など）上からも広く共通の分類表を使用することが望ましい。これがいわゆる標準分類表である。

標準の図書分類表が備えているべき基本的な条件は，①学問の分類への順応性があること，②分類記号をもつこと，③区分の論理性があること，④実用性があること，⑤公刊されていること，⑥永続的な機関による管理があることなどである。わが国では日本十進分類法（NDC）が標準分類表として，これらの要件をみたしている。

3. 主要分類表

NDC の理解のために，NDC に直接・間接的に影響を与えた外国の分類表に限定し，それらについて簡略に比較した表をつぎのページに掲げる。

4. 日本十進分類法（Nippon Decimal Classification：NDC）

4.1 体系と記号法

NDC は主題の体系をカッターの「展開分類法」に，記号法は「デューイ十進記号法」にならった。現在の最新版である新訂 10 版（2014 年）によって説明する。

NDC は，十進記号法の記号上の制約から人間のすべての知識を 1 から 9 の記号によって九つに分け，どれにも該当しないものに 0 を与えトップに置いて総記とし，10 個の第一次区分，「類目表」を構成している。

第一次区分表（類　目　表）

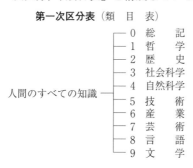

人間のすべての知識 ─
- 0 総　　記
- 1 哲　　学
- 2 歴　　史
- 3 社会科学
- 4 自然科学
- 5 技　　術
- 6 産　　業
- 7 芸　　術
- 8 言　　語
- 9 文　　学

主 要 分 類 表

名　　　称	ハリスの分類法	デューイ十進分類法	展 開 分 類 法	日 本 十 進 分 類 法
英　語　名		Dewey Decimal Classification	Expansive Classification	Nippon Decimal Classification
略　　　称		DC　DDC	EC	NDC
編　著　者	William T. Harris （アメリカ）	Melvil Dewey （アメリカ）	Charles Ammi Cutter （アメリカ）	もり・きよし （日本）
刊　行　年	1870	1876	1891～93，1896～1911	1929
普　及　状　況		世界の図書館で普及 アメリカ 　公共図書館　95% 　大学図書館　90% 　専門図書館　60% イギリス（1973年） 　公共図書館　99% 　大学図書館　85%	アメリカでごくわず かの図書館が採用	公共図書館　　　97% 大学図書館　　　83% 短大・高専図書館 　　　　　　　97.6% 専門図書館　45.7% 学校図書館　　　98%
構　　　造	列挙型分類表	列挙型分類表	列挙型分類表	列挙型分類表
体　　　系	1－63　科　　学　術 64－78　芸　　　　術 79－97　歴　　　　史 98－100　付　　　　録	0　総　　　記 1　哲　　　学 2　宗　　　教 3　社会科学 4　言　　　語 5　純粋科学 6　技　　　術 7　芸　　　術 8　文　　　学 9　地理・歴史	A　　　総　　　記 B－D　哲学・宗教 E－G　伝記，歴史， 　　　　地誌 H－K　社会科学 L－P　自然科学 Q　　　医　　　学 R－U　応用技術 V　　　レクリエーシ 　　　　ョン，体育， 　　　　演劇，音楽 W　　　美　　　術 X　　　語　　　学 Y　　　文　　　学 Z　　　図書，図書館	0　総　　　記 1　哲　　　学 2　歴　　　史 3　社会科学 4　自然科学 5　技　　　術 6　産　　　業 7　芸　　　術 8　言　　　語 9　文　　　学
記　号　法	100区分し，1から100 までの記号	十進記号法	主題と細分はローマ 字，形式細目と地理細 目はアラビア数字	十進記号法
特　　　徴	1.最初の書架分類表 2.体系は逆ベーコン式 3.DCに影響を与えた	1.理論性よりも実用性 を尊重 2.補助記号法が豊か 3.複合主題を多く取り 入れた相関索引 4.17版から分析合成の 手法を導入して書誌 分類表を目指す 5.現在，23版（2011） 6.体系が逆ベーコン式 で社会科学と歴史， 語学と文学が遊離 7.LC＝アメリカ議会図 書館のDC部で管理	1.未完成 2.理論的 3.表は順次細分展開で きる 4.体系はLCC, BCに影 響 *LCC＝Library of Congress Classifi- cation：アメリカ議会 図書館分類表	1.記号法はDCになら い，第一次区分の 項目の配列順はEC にならっている。 2.理論性よりも実用 性を尊重 3.補助記号法が豊か 4.新訂6版（1950）よ りJLA＝日本図書館 協会が改訂 5.現在，新訂10版 （2014） 6.JLAで管理
記　号　例 （アメリカ憲法史）	24	342.73029	J$_T$83	323.53

　NDC第一次区分の各類はまた，それぞれ1から9に分けられ，どれにも該当しないものを類に吸収し，10個ずつ第二次区分，「綱目表」を構成する。

第二次区分表（綱目表）

※綱の各集合の統合部は類に該たるので1個の数字で表した。

0	**総　記**	5	**技術．工学**
01	図書館．図書館情報学	51	建設工学．土木工学
02	図書．書誌学	52	建築学
03	百科事典．用語索引	53	機械工学．原子力工学
04	一般論文集．一般講演集．雑著	54	電気工学
05	逐次刊行物．一般年鑑	55	海洋工学．船舶工学．兵器．軍事工学
06	団体．博物館	56	金属工学．鉱山工学
07	ジャーナリズム．新聞	57	化学工業
08	叢書．全集．選集	58	製造工業
09	貴重書．郷土資料．その他の特別コレクション	59	**家政学．生活科学**
1	**哲　学**	6	**産　業**
11	哲学各論	61	農業
12	東洋思想	62	園芸．造園
13	西洋哲学	63	蚕糸業
14	心理学	64	畜産業．獣医学
15	倫理学．道徳	65	林業．狩猟
16	**宗　教**	66	水産業
17	神道	67	商業
18	仏教	68	運輸．交通．観光事業
19	キリスト教．ユダヤ教	69	通信事業
2	**歴史．世界史．文化史**	7	**芸術．美術**
21	日本史	71	彫刻．オブジェ
22	アジア史．東洋史	72	絵画．書．書道
23	ヨーロッパ史．西洋史	73	版画．印章．篆刻．印譜
24	アフリカ史	74	写真．印刷
25	北アメリカ史	75	工芸
26	南アメリカ史	76	音楽．舞踊．バレエ
27	オセアニア史．両極地方史	77	演劇．映画．大衆芸能
28	伝記	78	**スポーツ．体育**
29	**地理．地誌．紀行**	79	**諸芸．娯楽**
3	**社会科学**	8	**言　語**
31	政治	81	日本語
32	法律	82	中国語．その他の東洋の諸言語
33	経済	83	英語
34	財政	84	ドイツ語．その他のゲルマン諸語
35	統計	85	フランス語．プロバンス語
36	社会	86	スペイン語．ポルトガル語
37	教育	87	イタリア語．その他のロマンス諸語
38	風俗習慣．民俗学．民族学	88	ロシア語．その他のスラブ諸語
39	国防．軍事	89	その他の諸言語
4	**自然科学**	9	**文　学**
41	数学	91	日本文学
42	物理学	92	中国文学．その他の東洋文学
43	化学	93	英米文学
44	天文学．宇宙科学	94	ドイツ文学．その他のゲルマン文学
45	地球科学．地学	95	フランス文学．プロバンス文学
46	生物科学．一般生物学	96	スペイン文学．ポルトガル文学
47	植物学	97	イタリア文学．その他のロマンス文学
48	動物学	98	ロシア・ソビエト文学．その他のスラブ文学
49	**医学．薬学**	99	その他の諸言語文学

　各綱はそれぞれ10個の第三次区分「要目表」を構成し，さらに必要に応じて，つぎつぎと区分を展開している。

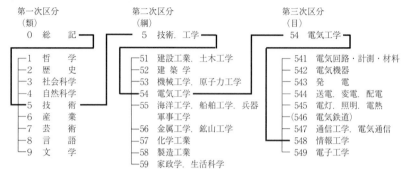

　図書分類表は本来，論理的に区分された区分肢に分類記号を与えて構成すべきものである。ところが，十進法では，区分単位はつねに九つに限られる（0は総記に充当）ため知識の体系に記号を与える方法ではなく，あらかじめ設けられた0-9の記号システムに，知識の体系をあてはめる方法を採っている。つまり，記号法を知識の体系より優先させている。その結果，被区分体によっては，区分肢の数が0-9の枠を越える場合もあれば，逆に記号システムをみたさない場合でも，つねに九つの区分肢を作り出すという矛盾点をもっている。

　この矛盾をNDCでは，つぎのように処理している。

＜区分肢が十以上必要な場合＞

　①　本来，独立すべき単位のものを，比較的関係の深いと思われる項目の最後に同居させている。

　　綱目表では，宗教，地理，医学，家政学，スポーツ，娯楽。

　②　比較的主要なものに1から8を与え，最後の9を「その他」とし，これを細分する。

　　綱目表では，その他の諸言語，その他の諸言語文学。

＜区分肢が八つ以下の場合＞

　　次の区分肢を，同列に上げて九つにまとめる。

　　綱目表では，神道，仏教，キリスト教，植物学，動物学。

4.2　補助表とその働き

　分類表には補助表のシステムがある。これを記号の合成に採り入れることにより分類表が膨大になることが防がれ，詳細な分類が可能となる。

　NDC 新訂 10 版では「一般補助表」と「固有補助表」に分かれる。「一般補助表」には，Ⅰ 形式区分およびその中の細目-02 を展開したⅠ-a 地理区分，Ⅱ 海洋区分，Ⅲ 言語区分の 3 種 4 区分があり，「固有補助表」には，神道・仏教・キリスト教の共通細区分，日本各地域の時代区分，各国地理の共通細区分，各種技術の細区分，建築図集，美術図集，言語共通区分，文字共通区分の 10 種がある。

　一般補助表には，細目表の全分野で適用可能なもの，特定の主題に限るものがある。

4.2.1　一般補助表

Ⅰ　形式区分（Form division）

　同一主題の図書群を，さらに形式によって細区分する場合に用いる。

-01	理論 . 哲学		
-02	歴史的・地域的論述 ＊地理区分		
-028	多数人の伝記		
-03	参考図書［レファレンス ブック］	031	書誌 . 文献目録 . 索引 . 抄録集
-04	論文集 . 評論集 . 講演集 . 会議録	032	年　　表
-049	随筆 . 雑記		
-05	逐次刊行物：新聞，雑誌，紀要	033	辞典 . 事典 . 引用語辞典 .
-06	団体：学会，協会，会議		用語集 . 用語索引［コンコーダンス］
-07	研究法 . 指導法 . 教育	036	便覧 . ハンドブック . ポケットブック
-08	叢書 . 全集 . 選集	038	諸表 . 図鑑 . 地図 . 物品目録［カタログ］

　形式区分は「0」（ゼロ）を冠して用いる。ただしつぎの例外がある。

ⅰ）　以下の箇所で使用するときは，0 を重ねて用いる。この分野では時代が「0」（ゼロ）を冠して表されるので，混乱を避けるためである。

　a）　地域史および各国史の分類番号（210／270）

例）日本史辞典　210.033

　　日本歴史地図　210.038

　　b）　その他，時代による区分が施されており，それとの混乱のおそれが
　　　　あるもの（332, 362, 523, 702, 723, 762, 902 他）

例）経済史辞典　332.0033

　　c）　地理区分記号を付加して，2国間の関係を扱う分類番号（319, 678.2）
　　　　のもとでは「0」（ゼロ）1個が国と国を結びつけるために用いられる。

例）日本外交に関する書誌　319.10031

ii）　-01 および -02 に関しては，細目表中に短縮する旨の指示がある箇所
　　　に限り 0 を省略する。

例）政治史　312（310.2 の位置に「［.2 → 312］」との指示がある。）

iii）　同一内容の分類項目が表中にあるときは，当該の形式区分を用いない。

例）貿易年次統計は，678.059 ではなく 678.9 に収める。

iv）　形式区分の複合使用についての注意

　　　形式区分の複合使用については禁止する根拠はない。複合上の優先順位
　　　は一元的に規制できない。形式区分の列挙順序を内形式（叙述形式　例：
　　　-02 歴史的地理的叙述），外形式（出版形式　例：-05 逐次刊行物）の区別
　　　に求め，内形式優先とする考え方もある。

　　　本書では下記の適用法（案）を付す。（参考）

　　①　内形式を外形式より優先する。（内形式：01, 02, 07）

科学史全集　<u>400</u> -02 → 402　［× 400 -08 → 408］

　　②　外形式は，原則として分類記号の最後で使用する。

日本科学史全集　402.1008

Ⅰ -a　地理区分（Geographic division）

　主題が，特定の地域に限定された資料は，必要があれば，国または地域を表
す記号で細分する。これが地理区分で，地理区分の共通記号を地理記号とい
う。

　地理記号は，NDC 新訂 9 版より補助表として示された（下記はその例）。本
書では 210／279 の最初の 2（歴史類）を除いた数字を用いる。ただし <u>231</u>／

<u>232</u>（古代ギリシア／古代ローマ史）は使用しない。

-1　日本	-25　インド	-59　西インド諸島
-11　北海道地方	-27　西南アジア. 中東[中近東]	-6　南アメリカ
-12　東北地方	-29　アジアロシア	-62　ブラジル
-13　関東地方	-3　ヨーロッパ. 西洋	-63　パラグアイ
-14　北陸地方	-33　イギリス. 英国	-64　ウルグアイ
-15　中部地方:東山・東海地方	-34　ドイツ. 中欧	-65　アルゼンチン
-16　近畿地方	-35　フランス	-66　チリ
-163　大阪府	-36　スペイン[イスパニア]	-67　ボリビア
-17　中国地方	-37　イタリア	-68　ペルー
-18　四国地方	-38　ロシア	-7　オセアニア. 両極地方
-19　九州地方	-39　バルカン諸国	-71　オーストラリア
-2　アジア. 東洋	-4　アフリカ	-72　ニュージーランド
-21　朝鮮	-5　北アメリカ	-76　ハワイ
-22　中国	-51　カナダ	-78　北極. 北極地方
-23　東南アジア	-53　アメリカ合衆国	-79　南極. 南極地方
-24　インドネシア	-56　メキシコ	

＜適用法＞

① 　形式区分 -02 のあとで用いる。

　　　日本発電史　543 -02 -1 → 543.021

② 　07, 28, 29, 35 のもとでは，粗く地域が表示されているが，さらに国などによって細かく区分を行うことができる。

　　　フランスの地理　29 -35 → 293.5

③ 　分類表に「＊地理区分」と指示のある場合は，直接地理区分を行う。上記②の後段もこれに該当。

　　　イギリスの神話　164 -33 → 164.33

④ 　分類表に「＊日本地方区分」と指示のある場合は，1（日本）を省いた各地方の記号を直接つける。

　　　大阪弁　818 -63（大阪府 163）→ 818.63

Ⅱ　海洋区分（Sea division）

指示のある項目のもとで海洋を区分する。NDC 新訂 9 版から設けられた。

注記「＊海洋区分」を伴う分類記号のもとで行う。分類記号に直ちに付加する。地理区分とは併用できない。

例）地中海海図　557.786

-1　太　平　洋	-4　イ ン ド 洋	-7　北極海［北氷洋］
-2　北 太 平 洋	-5　大　西　洋	-8　南極海［南氷洋］
-3　南 太 平 洋	-6　地　中　海	

Ⅲ　言語区分（Language division）

-1　日　本　語	-4　ド イ ツ 語	-7　イタリア語
-2　中　国　語	-5　フランス語	-8　ロ シ ア 語
-3　英（米）語	-6　スペイン語	-9　その他の諸言語

＜適用法＞

8, 9 の類，03，04，05，08 の綱及び 670.9 のもとで用いる。

英語入門　8　-3 → 83

4.2.2　固有補助表

一つの類またはその一部分についてのみ使用可能な補助表である。

1)　神道各教派の共通細区分表

-1　教義	-4　信仰・説教集. 霊験. 神佑	-7　布教. 伝道
-2　教史. 教祖. 伝記	-5　教会. 教団. 教職	
-3　経典	-6　祭祀. 行事	

＜適用法＞ 178 のもとで用いる。

2)　仏教各宗派の共通細区分表

-1　教義. 宗学	-4　法話. 語録. 説教集	-7　布教. 伝道
-2　宗史. 宗祖. 伝記	-5　寺院. 僧職. 宗規	
-3　宗典	-6　仏会. 行持作法. 法会	

＜適用法＞ 188 のもとで用いる。

例）真宗聖典　　188.7（真宗）＋ 3 → 188.73

永平寺史　　188.8（禅宗）＋ 5 → 188.85

3)　キリスト教各教派の共通細区分表

-1　教義. 信条	-4　信仰録. 説教集	-7　布教. 伝道
-2　教会史. 伝記	-5　教会. 聖職	
-3　聖典	-6　典礼. 儀式	

＜適用法＞ 198 のもとで用いる。

　　例）メソジスト説教集　　198.7（メソジスト教会）＋ 4 → 198.74

　　　　救世軍史　　　　　　198.98（救世軍）＋ 2 → 198.982

4)　日本の各地域の歴史（沖縄県を除く）における時代区分

-02　原始時代	-04　中世	-06　近代
-03　古代	-05　近世	

＜適用法＞ 211／219 のもとで用いる。

　　例）古代の東京都　　　213.6 ＋ 03 → 213.603

5)　各国・各地域の地理，地誌，紀行における共通細区分表

-013	景観地理	-189	地名	-091	探検記
-017	集落地理	-02	史跡. 名勝	-092	漂流記
-0173	都市地理	-087	写真集	-093	案内記
-0176	村落地理	-09	紀行		

＜適用法＞ 291／297 のもとで用いる。

　　例）ドイツ写真帖　293.4 ＋ 087 → 293.4087

6)　各種の技術・工学における経済的，経営的観点の細区分表

-09　経済的・経営的観点	-092　歴史・事情　＊地理区分	-095　経営. 会計
-091　政策. 行政. 法令	-093　金融. 市場. 生産費	-096　労働

＜適用法＞ 510／580 のもとで用いる。

　　例）アメリカの自動車産業史　537 ＋ 092 ＋ 53（アメリカ）→ 537.09253

7)　様式別の建築における図集

　　-087　建築図集

＜適用法＞ 521／523 のもとで用いる。

　　例）白鳳時代の建築図集　521.34（日本建築白鳳時代）＋ 087 → 521.34087

8)　写真・印刷を除く各美術の図集に関する共通細区分表

　　-087　美術図集

＜適用法＞ 700 のもとで用いる。

　　例）日本画名画集　721（日本画）＋ 087 → 721.087

9）　言語共通区分

　　各言語は，すべて言語共通区分により細分することができる。ただ
　し，言語の集合（諸語　例：849　その他のゲルマン諸語）には付加し
　ない。

-1　音声. 音韻. 文字	-4　語　　　彙	-7　読本. 解釈. 会話
-2　語源. 意味［語義］	-5　文法. 語法	-78 会　　　話
-3　辞　　　典	-6　文章. 文体. 作文	-8　方言. 訛語

＜適用法＞

$$\left. \begin{array}{l} 8＋言語区分 \\ 801 \end{array} \right]＋言語共通区分$$

　　例）英文法　8 ＋ 3 ＋ 5 → 835

　　　　文学論　801 ＋ 1 → 801.1

10）　文学共通区分

　　各言語の文学は，すべて文学共通区分により細分することができる。
　ただし，諸文学（例：949　その他のゲルマン諸文学）には付加しない。

-1　詩歌　＊詩劇→ -2	-4　評論. エッセイ. 随筆
-18 児童詩. 童謡	-5　日記. 書簡. 紀行
-2　戯曲　＊劇詩→ -1	-6　記録. 手記. ルポルタージュ
-28 児童劇. 童話劇	-7　箴言. アフォリズム. 寸言
-3　小説. 物語	-8　作品集：全集，選集
-38 童　　　話	-88 児童文学作品集：全集，選集

＜適用法＞

$$\left. \begin{array}{l} 9＋言語区分 \\ 901 \end{array} \right]＋文学共通区分$$

　　例）フランスの詩歌　9 ＋ 5 ＋ 1 → 951

　　　　アラビア小説　9 ＋ 2976 ＋ 3 → 929.763

4.3　相関索引 （→付　資料1）

　特定の主題について，分類表での体系的位置や記号を知るための索引であり，分類表中の分類項目に使用されたコトバばかりではなく，同義語なども五十音順に配列して，それぞれに対応する分類記号を示している。この索引は，各事項について，多面の観点と関連を示すものである。

古典主義	（英米文学）	930.26
	（絵画）	723.05
	（建築）	523.053
	（ドイツ文学）	940.26
	（美術）	702.06
	（フランス文学）	950.25
	（文学）	902.06

4.4　NDC・MRDF （Machine Readable Data File）

　日本図書館協会は図書館のコンピュータ化の状況に配慮して，NDC 新訂 8 版および新訂 9 版の機械可読ファイルである MRDF を刊行した。MRDF は分類体系表ファイルと相関索引ファイルからなり，情報検索の支援システムや，各種情報の組織化に広く適用される可能性がある。NDC 新訂 10 版に対応した NDC・MRDF10 についても，プログラム設計，データベース構築，提供方法等の検討が行われている。

5　分類作業

　個々の資料について内容を把握して，最も適切な分類記号を与えることを分類作業という。さらに必要に応じて別置記号等を与え，書架に配架する一連の作業を総称していうこともある。

5.1　分類作業の手順

　分類作業は通常以下のような手順で行われることが多い。
　　①　分類法の適用指針の決定と分類表の整備

② 　資料主題の把握

③ 　分類記号の付与

（④ 　別置記号・図書記号の付与)

⑤ 　配架

　それぞれの段階における具体的な作業方法について，以下に説明する。なお，分類法については本書ではNDC新訂10版を使用する。

5.2　日本十進分類法の適用指針の決定と分類表の整備

5.2.1　分類記号の詳細度の決定

　分類記号の詳細度は，分類の効果を左右する重要な要素である，たとえば「日本青少年問題辞典」はNDC新訂10版で最も詳細な記号を与えると367.61033となる。しかしNDCを使用するすべての図書館がこの資料に367.61033を与える必要はなく，図書館の種類，蔵書数，蔵書構成，閲覧方式などを考慮してその詳細度を決定すべきである。367でも，367.6でもよい。詳細度もすべての主題で画一的に扱うのではなく，それぞれの主題に応じて決定し，分類表に指示しておかなければならない。

　以下，中小公共図書館と高等学校図書館における適用例を示す。適用する目安としては，個人伝記，日本近代文学作品を除いて同一分類記号をもつ資料群が書架1段，多くても2段までとすべきであろう。

＜適用例＞

　　小規模公共図書館（蔵書数2万冊まで）

　　　　要目表（第三次区分）

　　中規模公共図書館（蔵書数10万冊まで）

　　　　要目表（第三次区分）を主体として，007，21，289，29，302，336，367，498，547，599，783，910／915は分目（第四次区分）まで細分

　　高等学校図書館（普通科の場合）

　　　　要目表（第三次区分）を主体として，21，291，370／377，910／915は分目（第四次区分）まで細分

5.2.2　二者択一（別法）の決定

　　NDC では，同一の主題が二か所以上に位置づけされたものがある。たとえば労働法や教育法などの諸法はそれぞれの主題（この場合 366 や 373）のもとに収めることを原則にしているが，「328　諸法」に集める便法も許されているので，図書館の性格，利用者の便を考え，労働法　366，教育法　373 を使用せず，328 に集約する場合は，その旨を分類表に明記しておく。

5.3　資料主題の把握

　　適切な分類記号を付与するには，資料主題の的確な把握が不可欠である。この把握が分類作業中，最も重要なことである。

　　主題の把握の仕方は，一般につぎの順序による。

　1)　タイトル，タイトル関連情報

　　　タイトルは資料の内容を端的に表現していることが多い。

　　　タイトル関連情報はタイトルをより具体的に表現し，またその内容の範囲，扱い方などを限定する。

　2)　著者

　　　著者の専門や過去の業績などは，内容把握の手がかりとなり，主題が明確な資料でもその資料主題に対する著者の観点や立場が判明する。

　3)　目次，まえがき，解説など

　　　タイトルだけでは主題の把握が困難な場合には，内容を理解するうえでこれらが有力な情報源となる。

　4)　本文

　　　前述の情報で主題の把握ができない場合には，最終的に本文を読んで内容を理解することになる。内容の専門性が高い資料については，当該専門分野に関する事典や参考書等も参照する。

　5)　参考資料

　　　出版社の解説目録や，下記の資料から得られる情報も主題把握の参考になる。

・「国立国会図書館サーチ（NDL Search）」（国立国会図書館）
　　　国立国会図書館の蔵書（都道府県立図書館，政令指定都市の図書館の蔵書を含む）の検索サイト。Web で利用できる。
・「Pub DB 出版書誌データベース」（日本出版インフラセンター（JPO））
　　　日本書籍出版協会の「Books.or.jp」の後継。
・「TOOLi（ツール アイ）」（図書館流通センター（TRC））
　　　TRC MARC の検索とダウンロードができる有料データベース。
・『選定図書総目録』（日本図書館協会）
　　　日本図書館協会図書選定委員会による選定図書目録。2016 年版をもって廃刊。
・『出版年鑑』（出版ニュース社）
　　　雑誌『出版ニュース』の主要記事を収録。2018年版をもって廃刊。
　　このほかブック・ジャケットや書物の帯などの記事も，主題把握の重要な情報源である。

5.4　分類記号の付与

資料の主題を把握し，分類記号を与える過程で，つぎの諸点に留意する。
1) その図書館が定める NDC の適用指針に従って，最も詳細な記号を与える（分野ごとに精粗を決めていることもある）。
2) 一貫性を保つこと。
3) 相関索引で検索するだけでなく，NDC の本表で確認すること。
4) その図書館における分類表適用の前例にできるだけ沿うこと。
5) 分類記号の決定には，正当な理由づけをもつこと。

（→別置・図書記号については，同章の 7.（p.52 〜）に記述）

6.　分類規程と各類概説

NDC による分類作業では，分類の対象となる資料の主題分析により的確な

分類項目を選び出し，分類記号を付与することになる。同一主題に対し，つねに一定の分類記号を付与できるようそれらを決定する方針や基準として，NDCでは分類規程や各類概説が設けられている。

6.1　分類規程

　分類規程は，分類表を適用するにあたって従うべきルールや指針・原則である。NDCでは，分類表のなかにあらかじめ分類項目が階層的に列挙されているが，特に複数の主題がそれぞれ組み合わされた場合，どの分類項目を優先して選ぶのかといった基準が必要となる。各図書館に共通した基準として，NDCにはつぎのような一般分類規程がある。

6.1.1　主題の観点
　1)　主題の観点による分類

　　　NDCは観点分類法のため，まず主題の観点（学問分野）を明確にし，その観点のもとに用意された主題に分類する。
　2)　複数の観点から見た主題

　　　その主題に対して著者がどんな観点に立っているかによって分類する。その観点が複数のときは，主になる観点から分類する。

　　　しかし，観点の主となるものが不明なときは，その主題にとって最も基礎的な観点のもとに分類する。

　　例）花の文化史（春山行夫）　→花卉園芸（627）

6.1.2　主題と形式概念の区分

　　　資料は主題によって分類し，そのうえで主題を表す叙述または出版形式によって細分する（-01／-08）。ただし，総記（0類）の03（百科事典），04（論文集），05（逐次刊行物），08（叢書）については出版形式，文学（9類）については言語区分のうえ，文学共通区分という叙述形式の区分によって分類する。補助表を極度に重用し，主題の分類・展開を粗くしてはならない。

　　　例）教育名著叢書　教育叢書（370.8）とし，一般叢書（08）のもとに分類しない。

6.1.3 原著作とその関連著作

1) 原則

特定著作の翻訳，評釈，校注，批評，研究，解説，辞典，索引などは，原著の分類される分類項目に分類する。

2) 語学学習テキスト

語学（日本語古典を含む）の学習を主目的とした対訳，注解の類は，主題または文学形式にかかわらず，学習される言語のテキストとして分類する。

 例）若草物語（オルコット原作：荻田庄五郎訳注）　→英語読本（837.7）

3) 翻案，脚色

原作の分類項目とは独立して，翻案作家，脚色家の作品として分類する。

 例）戯曲・赤と黒（スタンダール原作，大岡昇平脚色）　→近代日本の戯曲（912.6）

4) 特定意図による抄録

抄録部分が意図する主題によって分類する。

 例）回想の織田信長―フロイス「日本史」より（松田毅一，川崎桃太編訳）

  →個人の伝記（289.1）

6.1.4 複数主題

一つの著作で，複数の主題を取り扱っている場合，そのうち1主題が特に中心として取り扱われている場合は，中心となる主題のもとに分類する。

 例）天・変・地・異を科学する　→地球科学（45）のもとに分類

2または3個の主題を取り扱っていて，どの主題も特に中心となる主題がない場合は，最初の主題に分類する。

 例）図書館・インターネット・知的自由　→図書館（01）のもとに分類

もし4以上の主題を扱い，特に主となる主題がない場合はそれらを含む上位の分類項目のもとに分類する。

 例）木版・石版・銅版・ゴム版画　→版画（73）のもとに分類

6.1.5　主題と主題との関連

　　主題間が相互に結び付いた主題の場合は，つぎのとおりに取り扱う。

1)　影響関係

　　1つの主題が他の主題に影響を及ぼした場合は，原則として影響を受けた側に分類する。

　　例）浮世絵のフランス絵画への影響　→フランス絵画（723.35）

　　しかし，個人の思想・業績が多数人に及ぼした影響については，個人の側に分類する。

　　例）白楽天の日本文学への影響　→唐詩（921.43）

2)　因果関係

　　主題間の因果関係を取り扱ったものは，結果のほうに分類する。

　　例）地震と鉄道（日本鉄道施設協会）　→鉄道建設（516）

3)　概念の上下関係

　　上位概念の主題と下位概念の主題とを扱った資料は，上位の主題に分類する。

　　例）原子力・原子炉・核燃料　→原子力工学（539）

　　ただし，上位概念が漠然としているときは，下位概念により分類する。

　　例）禅と日本文化（鈴木大拙）　→禅（188.8）

4)　比較対照

　　比較の尺度として使われている側でなく，その尺度によって比較されている対象の側（著者の重点）に分類する。

　　例）イギリス人と日本人（ピーター・ミルワード）　→日本人（302.1）

5)　主題と材料

　　特定の主題を説明するために，材料として取り扱われたものは，その材料のいかんを問わず，説明している特定主題によって分類する。

　　例）文学にあらわれた日本人の納税意識　→租税（345）

6)　理論と応用

　（ア）特定主題の理論と応用を扱ったものは，応用に分類する。

　　　例）液晶とディスプレイ応用の基礎（吉野勝美・尾崎雅則）　→電子装置の応用（549.9）

　(ｲ)　特定理論の特定主題への応用はその応用に分類する。

　　例）推計学による寿命実験と推定法（田口玄一）　→生命表（339.431）

　7)　主題と目的

　　特定の読者層を対象に著された特定目的のための資料は，原則としてその目的とした主題のもとに分類する。

　　例）警察官会話手帳　→警察官（317.7）

　　ただし，基本となる主題の入門的なものは，目的とした主題ではなく，基本となる主題のもとに分類する。

　　例）介護のための医学知識（日本訪問看護財団）　→医学（490）

　　なお，利用者の主題アクセスの配慮から，いずれも書誌分類として複数の主題それぞれに対応する分類記号を必要に応じて分類重出する方法がある。

6.1.6　新主題

　　分類表に示されていない主題に関する著作は，その主題と最も密接な関係があると思われる主題を考察し，その分類項目か上位の分類項目に収める。あるいは新しい分類項目を設けて分類する。

6.2　各類概説：日本十進分類法〈NDC〉新訂10版 本表〈抄〉および概説・解説

第3次区分表（要目表．一部細目表。なお
類に該たる記号は1個の数字，綱に該たる記
号は2個の数字で表した。〔　〕は当テキス
ト編集補注）

概　　説（例示図書の分類記号は，この
NDC〈抄〉に基づき分類した。）

0　　総　　記

002　知識．学問．学術

007　情報学．情報科学　→：01；548
　　.5　ドキュメンテーション．情報管理
　　.6　データ処理．情報処理

01　図書館．図書館情報学　→：007；02

011　図書館政策．図書館行財政
012　図書館建築．図書館設備
013　図書館経営・管理
014　情報資源の収集・組織化・保存
015　図書館サービス．図書館活動
016　各種の図書館
　　.1　国立図書館　＊地理区分
　　.2　公共図書館　＊地理区分
017　　学校図書館
　　.7　大学図書館．学術図書館　＊地理区分
018　専門図書館
019　読書．読書法

02　図書．書誌学　→：01
021　著作．編集
022　写本．刊本．造本
023　出　　版　＊地理区分
024　図書の販売　＊地理区分
025　一般書誌．全国書誌　＊地理区分
026　稀書目録．善本目録
027　特種目録
028　選定図書目録．参考図書目録
029　蔵書目録．総合目録

03　百科事典
031　日　　本　　語
032　中　　国　　語
033　英　　　　　　語
034　ド　イ　ツ　語
035　フランス語
036　スペイン語
037　イタリア語
038　ロ　シ　ア　語

0　　総　　記

002　学問について著したものを収める。
　　　学問の旅（森本哲郎）002
007　情報科学一般およびソフトウェアはこ
　　こへ。
　　　情報ネットワーク社会（今井賢一）007

01　図書館．図書館情報学

011，013，015　一般および公共図書館に関す
　　るもの。
012，014　館種の別なく収める。
　　　学校図書館資料の目録（加茂弘）014

016　国立・公共・児童図書館などはここへ。

017　利用指導はここへ。
　　　学校図書館法改正（全国学校図書館協議会
　　編）017
019　読書指導はここへ。名著案内類は028

02　図書．書誌学
021.2　著作権．著作権法

　　　出版年鑑（出版ニュース社）025.1
027　政府刊行物目録，叢書類目録，逐次刊
　　行物目録などを収める。
　　　日本雑誌総目次要覧（天野敬太郎共編）027
　　　選定図書総目録（日本図書館協会）028

03　百科事典（百科事典について著したも
　　のもここへ。）　＊原著の言語で言語区分
　　　世界大百科事典（平凡社）031
　　　現代用語の基本知識（自由国民社刊）031
　　　日本なんでもはじめ（泉欣七郎共編）031
034.9　その他のゲルマン諸語
036.9　ポルトガル語

038.9　その他のスラブ諸語

26

039　用語索引〔一般〕

04　一般論文集．一般講演集
　　＊03 のように原著の言語により言語区分

049　雑　　　　著

05　逐次刊行物　→：027.5
　　＊03 のように原著の言語により言語区分

059　一般年鑑　＊地理区分

06　団体：学会，協会，会議
061　学術・研究機関
063　文化交流機関
065　親睦団体．その他の団体
069　博　物　館　→：406.9
　　.6　一般博物館　＊地理区分

07　ジャーナリズム．新聞　→：361.45
071　日　　　　本
072　ア ジ ア
073　ヨーロッパ
074　アフリカ
075　北アメリカ
076　南アメリカ
077　オセアニア．両極地方

08　叢書．全集．選集
　　＊原著の言語で言語区分

09　貴重書．郷土資料．その他の特別コレクション

04　一般論文集．一般講演集
　　多主題にわたるものを収める。
　　　NHK 文化講演会（日本放送協会編）041
　　逐次的に刊行の論文集は 050/058 へ。

049　一般の雑文集を収める。
　　　読むクスリ（上前淳一郎）049
　　ただし，文学者のものは 9 □ 4 へ。
　　（□は言語区分．以下同じ）
　　　マンボウ百一夜（北杜夫）914.6

05　逐次刊行物
　　（逐次刊行物は別置することが多い。）
051　日本の雑誌

059　総合年鑑および一地域に関する総合年
　　鑑を収める。
　　　統計を主としたものは 350/357 へ。
　　　世界年鑑　　　　059
　　　中国年鑑　　　　059.22
　　　日本統計年鑑　　351

06　団体：学会，協会，会議
　　学会などの歴史・会議録などを収める。
　　　全国学協会総覧（日本学術会議編）061
　　逐次的に刊行の学会紀要報告は 051/058

07　ジャーナリズム．新聞
071/077　＊新聞紙を収め，発行地により地
理区分。ただし別置することが多い。
　　Asahi Evening News 071

08　叢書．全集．選集

1　哲　　学
101　哲 学 理 論
102　哲　学　史
103　参 考 図 書［レファレンスブック］
104　論文集. 評論集. 講演集
105　逐次刊行物
106　団体：学会，協会，会議
107　研究法. 指導法. 哲学教育
108　叢書. 全集. 選集

11　哲 学 各 論
111　形而上学. 存在論
112　自然哲学. 宇宙論
　　　空間論，時間論. 物質論など
113　人生観. 世界観
　　　プラグマティズムなど
114　人　間　学
　　.3　生の哲学
　　.5　実存主義. 実存哲学
115　認　識　論
116　論理学. 弁証法. 方法論
117　価 値 哲 学
118　文化哲学. 技術哲学
［119］　美術哲学. 美学→ 701.1

12　東 洋 思 想　→：150.21
121　日 本 思 想
　　.3　古代
　　.4　中世
　　.5　近世
　　.52　国学［和学］
　　.53　日本の儒学〔一般〕　→：123
　　.54　朱子学派
　　.55　陽明学派
　　.6　近代　＊思想家，哲学者とその学
　　　　説：西田幾多郎，三木清，和辻哲郎
　　　　など
122　中国思想. 中国哲学
123　　経書
　　　　四書五経：「論語」，「孟子」など
124　　先秦思想. 諸子百家
　　　　孔子，孟子など
125　　中世思想. 近代思想
126　インド哲学. バラモン教
129　その他の東洋思想. アジア哲学

1　哲　学
特定主題の哲学は，特定主題へ。
　哲学への招待（竹田寿恵雄）100
　ヘーゲル歴史哲学の研究（水野建雄）201

11　哲 学 各 論
111/118
哲学の各論についての概論，歴史などを収
める。

　　実存主義（松浪信三郎）114.5

　　知るということ（渡辺慧）115
　　理論分類学の曙（八馬高明）116

　　人間と技術（シュペングラー）118

12　東 洋 思 想
12/139
個々の思想家が，自らの学説・体系を形成
する著作で，その内容が 111/118 に該当す
る著作および著作集，研究評論，伝記はこ
こに収める。
　　人生論ノート（三木清）121.6

123　著作そのものを収める。

124　古代思想史を収める。

28

13　西洋哲学
　＊個々の哲学者の著作集・全集，その思想に関する研究および伝記評論は，ここに収める。
　＊個々の哲学者の著作で，111/118の範囲に属するもの，およびその哲学者の哲学体系を形成するものは，ここに収める。
134.4　ヘーゲル，G. W. F.
　　　ベルリンのヘーゲル（ドント）134.4
　　　大論理学（ヘーゲル）134.4

14　心理学
特定主題の心理学は，各主題のもとに収める。
　　新・心理学入門（宮城音弥）140
　　〈学ぶ〉心理学（波多野完治）371.4
　　知能とは何か（安藤春彦）141.1
　　記憶力（保坂栄之介）141.3

　　独断と偏見（大井晴策）141.5
　　血液型性格学（鈴木芳正）141.9

15　倫理学．道徳

153　特定の職業倫理は，各職業または各主題のもとに収める。

159　実践的人生訓，教訓を収める。
　　若ものよ君らは（丸木正臣）159
　文学者によるものは，9□4へ
　　諸君！この人生，大変なんだ（山口瞳）
　　　914.6

16	**宗　教**	
161	宗教学．宗教思想	
162	宗教史・事情　＊地理区分	
163	原始宗教．宗教民族学	
164	神話．神話学　＊地理区分	
165	比 較 宗 教	
166	道　　　教	
167	イ ス ラ ム	
168	ヒンズー教．ジャイナ教	
169	その他の宗教．新興宗教　＊地理区分	

16　宗　教
　一宗教の教義，史伝，教典などや，宗教家の個人伝記，著作集，記録などはそれぞれの宗派のもとへ。

天理教　169.1

17　神　道
171　神道思想．神道説
172　神祇・神道史
173　神　　　典
174　信仰録．説教集
175　神社．神職
176　祭　　　祀
177　布教．伝道
178　各教派．教派神道〔金光教など〕

17　神　道
178　＊各教派とも下記のテーブルにより共通に区分することができる。
　　-1　教　　　義
　　-2　教史．教祖．伝記
　　-3　教　　　典
　　-4　信仰・説教集．霊験．神佑
　　-5　教会．教団．教職
　　-6　祭祀．行事
　　-7　布教．伝道

18　仏　教　→：126
181　仏教教理．仏教哲学
182　仏教史　＊地理区分
183　経　　　典
184　法話・説教集
185　寺院．僧職
186　仏　　　会
187　布教．伝道
188　各　　　宗
　.1　律宗
　.2　論宗
　.3　華厳宗
　.4　天台宗
　.5　真言宗［密教］
　.6　浄土教．浄土宗
　.7　真宗［浄土真宗］
　.8　禅宗
　.9　日蓮宗

18　仏　教
地獄（石田瑞麿）181

法華経を味わう（茂田井教亨）183

188　＊各宗とも下記のテーブルにより共通に区分することができる。
　　-1　教義．宗学
　　-2　宗史．宗祖．伝記
　　-3　宗典
　　-4　法話．語録．説教集
　　-5　寺院．僧職．宗規
　　-6　仏会．行持作法．法会
　　-7　布教．伝道
　　東大寺（平岡定海）188.35
　　最澄のことば（田村晃祐）188.44
　　現代語訳正法眼蔵（道元）188.84

19　キリスト教
191　教義．キリスト教神学
192　キリスト教史．迫害史　＊地理区分
193　聖　　　書
194　信仰録．説教集
195　教会．聖職
196　典礼．祭式．礼拝
197　布教．伝道

19　キリスト教

聖パウロの世界をゆく（曽野綾子）193

198　各教派．教会史
　　.2　カトリック教会．ローマカトリック教会
　　.3　プロテスタント．新教
　　.4　監督教会［聖公会］．英国国教会．
　　　　アングリカン教会
　　.5　長老派．清教徒．会衆派．組合教会
　　.6　バプティスト［浸礼派］
　　.7　メソジスト教会
　　.8　ユニテリアン協会
　　.9　その他
199　**ユ ダ ヤ 教**

2　**歴　　　史**
201　歴　史　学
202　歴史補助学
202.5　考古学
203　参 考 図 書［レファレンスブック］
204　論文集．評論集．講演集
205　逐次刊行物
206　団体：学会，協会，会議
207　研究法．指導法．歴史教育
208　叢書．全集．選集
209　**世 界 史　文 化 史**　→：230；312
　　.2　先史時代：石器時代，金属器時代
　　.3　古代　―476
　　.4　中世　476―1453
　　.5　近代　1453―
　　.6　19 世紀
　　.7　20 世紀
　　.8　21 世紀 ―

21　**日 本 史**　＊日本学はここに。
210.02　歴史補助学
　　.025　考古学
　　.2　原始時代
　　.3　古代　4 世紀―1185
　　.4　中世　1185―1600
　　.5　近世　1600―1867
　　.6　近代　1868―
　　.7　昭和・平成時代　1926―
211　北海道地方
212　東 北 地 方
213　関 東 地 方
214　北 陸 地 方
215　中 部 地 方
216　近 畿 地 方
217　中 国 地 方
218　四 国 地 方
219　九 州 地 方

（214-218 の県分け）
　　.1　滋賀県
　　.2　京都府
　　.3　大阪府
　　.4　兵庫県
　　.5　奈良県
　　.6　和歌山県

（213 の県分け）
　　.1　茨城県
　　.2　栃木県
　　.3　群馬県
　　.4　埼玉県
　　.5　千葉県
　　.6　東京都
　　.7　神奈川県

198　＊各教派とも下記のテーブルにより共
　　　通に区分することができる。
　　-1　教義．信条
　　-2　教会史．伝記
　　-3　聖典
　　-4　信仰録．説教集
　　-5　教会．聖職
　　-6　典礼．儀式
　　-7　布教．伝道

2　**歴　　　史**
①　二つの時代にわたるものは前の時代
　　へ。
　　　史料日本近現代史（中村尚美ほか編）
　　　210.6
　　　三つの時代は包括する時代へ。
②　戦争史
　　日本対外国　日本史へ。日中戦争 210.7
　　第三国間　敗戦国へ。
　　　阿片戦争（陳舜臣）222
③　歴史と地誌の両面を扱ったものは，と
　　くに地誌重点の場合を除き，歴史へ。
202　考古学一般はここへ。一国の考古学は
　　各国史のもとに。
　　　考古学を考える（藤本強）202.5
　　　岩波講座　日本考古学 210.025
　　　地方の遺跡・遺物の研究も，各国史へ。
　　　飛鳥の遺跡（網干善教）210.3

21　**日 本 史**
①　地方に発生した事件でも，それが国の
　　歴史に関係ある場合は，日本史へ。
　　　秩父事件（井上幸治）210.6
②　地方史を総合的に扱うものは国史へ。
　　　近世地方史研究入門 210.5

210.025　＊考古学
　　＊ここには，日本全般に関するもので時
　　　代を特定しないものを収める。
　　＊特定の地域全般に関するものは，
　　　211/219 に収める。
　　　例：215.4 静岡県の考古遺跡一覧
　　＊個々の遺跡・遺物に関するものは，日
　　　本史の特定の時代に収める。（別法：
　　　211/219）
　　　例：210.27 登呂遺跡（別法：215.4）

──────────このページは左欄右欄とも分類記号──────────

22	**アジア史．東洋史**　＊東洋学はここに。		24	**アフリカ史**
221	朝　　　　鮮		241	北アフリカ
222	中　　　　国		242	エジプト
223	東南アジア		243	マグレブ諸国
224	インドネシア		244	西アフリカ
225	イ　ン　ド		245	東アフリカ
[226]	西南アジア．中東［中近東］→ 227		248	南アフリカ
227	西南アジア．中東［中近東］		249	インド洋のアフリカ諸島
[228]	アラブ諸国→ 227			
229	アジアロシア		25	**北アメリカ史**
			251	カ　ナ　ダ
23	**ヨーロッパ史．西洋史**　→ : 209		253	アメリカ合衆国
231	古代ギリシア		255	ラテンアメリカ［中南米］
232	古代ローマ		256	メキシコ　＊マヤ文明はここに
233	イギリス．英国		257	中央アメリカ［中米諸国］
234	ドイツ．中欧		259	西インド諸島
.5	スイス			
.6	オーストリア		26	**南アメリカ史**
.7	ハンガリー		261	北部諸国［カリブ沿海諸国］
.8	チェコ		262	ブラジル
.83	スロバキア		263	パラグアイ
.9	ポーランド		264	ウルグアイ
235	フランス		265	アルゼンチン
.8	ベネルックス．ベルギー		266	チ　　　リ
.9	オランダ		267	ボリビア
236	スペイン［イスパニア］		268	ペ　ル　ー
237	イタリア			
238	ロシア〔ソビエト連邦．独立国家共同体〕		27	**オセアニア史．両極地方史**
.9	北ヨーロッパ		271	オーストラリア
.92	フィンランド		272	ニュージーランド
.93	スウェーデン		273	メラネシア
.94	ノルウェー		274	ミクロネシア〔サイパン，グアムなど〕
.95	デンマーク		275	ポリネシア
.97	アイスランド		276	ハ　ワ　イ
239	バルカン諸国　＊東欧はここに。		277	両極地方
.1	ルーマニア		278	北極．北極地方
.2	ブルガリア		279	南極．南極地方
.3	セルビア．コソボ．モンテネグロ			
	＊ユーゴスラビアはここに。			
.31	セルビア			
.32	モンテネグロ			
.33	マケドニア			
.34	ボスニア・ヘルツェゴビナ			
.35	クロアチア			
.36	スロベニア			
.4	アルバニア			
.5	ギリシア			

32

28	伝	記	＊地理区分
281	日	本	

28　伝　記　＊地理区分
281　日　　本
282　ア　ジ　ア
283　ヨーロッパ
284　ア フ リ カ
285　北アメリカ
286　南アメリカ
287　オセアニア．両極地方
288　系譜．家史．皇室
289　個 人 伝 記
　　[.1　日本人]
　　[.2　東洋人]
　　[.3　西洋人およびその他]

28　伝　記
280/287　三人以上の伝記（叢伝・列伝）
　　岩波西洋人名辞典　280.3
　　世界の悪女たち（駒田信二）280
　　フランス革命の女たち（池田理代子）283.5
①　特定主題の叢伝は特定主題へ。
　　科学者の女性史（宮田親平）402
②　中心人物と周辺の人々の伝記は中心人
　　物へ。
　　福澤諭吉とその門下書誌（丸山信編）289.1
289　個人伝記（一人または二人の伝記＝各
　　伝）。伝記資料一切を収める。
　　ヘレン・ケラー自伝　289.3
①　哲学者，宗教家，芸術家および文学者
　　などの伝記は，それぞれの主題へ。
　　哲学者アリストテレス（アクリル）131
　　道元の世界（有福孝岳）188.8
　　カラヤン　栄光の裏側に（バッハマン）
　　　762.34
　　児童室では，すべて289に分類するほう
　　がよい。
　　銀河の旅人　宮沢賢治（堀尾青史）K289
　　（Kは別置記号→　第Ⅱ章7）
②　一般人でも，内容が特定主題に重点が
　　あるものは，その主題へ。
　　アントニオ・ガウディ（鳥居徳敏）523
③　統治者（大統領，政治家など）の伝記
　　で公的な内容のものは，各国史へ。
　　カーター回顧録（日本放送出版協会刊）253
④　個人のある一面のみを扱ったものは，
　　その人の主たる分野へ。
　　自然科学者としてのゲーテ（菊池栄一）
　　940.28

29　地理．地誌．紀行　→：382
　　　＊地理区分
290.9　紀行
290.93　旅行案内記
291　日　　本
292　ア　ジ　ア
293　ヨーロッパ
294　ア フ リ カ
295　北アメリカ
296　南アメリカ
297　オセアニア．両極地方
299　海　　洋

29　地理．地誌．紀行
紀行，旅行案内もここへ。
　　ロマンティック街道物語（三輪晃久）293.4
　　(09)
　　みちのく風土記（井上隆雄）291.2 (09)
ただし
①　政治，経済，文化などの社会事情・印
　　象記は302へ。
　　中国・新しい風（日本放送協会）302.2
②　特定主題の調査，探訪の紀行はそれぞ
　　れの主題へ。
　　平家物語の旅（上原まり）913.4
③　文学者の紀行は9□5へ。
　　中国：心ふれあいの旅（水上勉ほか）915.6

3　社会科学	**3　社会科学**
301　理論. 方法論	
302　政治・経済・社会・文化事情　＊地理区分	302　社会事情はここへ。
303　参考図書［レファレンスブック］	
304　論文集. 評論集. 講演集	304　評論的社会事情は特定地域のものでも
305　逐次刊行物	ここに。
306　団体：学会, 協会, 会議	アメリカ・「知」の挑戦（佐藤隆三）　304
307　研究法. 指導法. 社会科学教育	307　一般の就職試験問題集はここへ。
308　叢書. 全集. 選集	
309　社会思想	

31　政治	**31　政治**
311　政治学. 政治思想	310.1 → 311　310.2 → 312
312　政治史・事情　＊地理区分	312　一般政治史は 210/279 へ。
313　国家の形態. 政治体制	現代日本の政治構造（神島二郎編）312.1
314　議会　＊地理区分	313　各国の政治体制は 312.1/.7 に収める。
315　政党. 政治結社　＊地理区分	
316　国家と個人・宗教・民族	317　中央行政, 各省庁の行政組織はここへ。
317　行政	行政報告, 白書, 統計などは各主題へ。
318　地方自治. 地方行政	319　2 国間の外交関係は, 地理区分のうえ
319　外交. 国際問題　＊地理区分	ゼロを付け, 相手国によって地理区分
.8　戦争と平和	例：319.1053 日米関係

32　法律	**32　法律**
320.9　法令集　＊地理区分	320.1 → 321　320.2 → 322
320.98　判例集　＊地理区分	
321　法学	
322　法制史	322　近世以前の法制は, 各法もここへ。
323　憲法　＊地理区分	幕藩体制における武士家族法（鎌田浩）322.1
.9　行政法	
324　民法. 民事法	
325　商法. 商事法	
326　刑法. 刑事法	
327　司法. 訴訟手続法	
［328］諸法	［328］諸法は関連主題のもとに収める。
329　国際法　→：319	労働法（有泉亨）366

33　経済	**33　経済**
331　経済学. 経済思想	330.1 → 331　330.2 → 332
332　経済史・事情. 経済体制　＊地理区分	332.001 ―［形式区分］
333　経済政策. 国際経済	332.01　経済史学
334　人口. 土地. 資源	332.02 ― .06［時代別］
335　企業. 経営	332.07　社会主義経済
336　経営管理	333　経済政策理論はここへ。各国の経済政
.1　経営政策. 経営計画	策, 問題, 実態は 332 へ。
.2　合理化. 生産性. 能率	現代の経済政策（田代洋一編）333
.3　経営組織. 管理組織	日本のマクロ経済政策（総合研究開発機構
.4　人事管理. 労務管理〔ほか〕	編）332.1

34

368　社　会　病　理
369　社　会　福　祉
　.26　老人福祉［高齢者福祉］

369　介護福祉〈一般〉はここへ。

37　教　　育

371　教育学. 教育思想
　.1　教育哲学
　.2　教育学史. 教育思想史　＊地理区分
　.3　教育社会学. 教育と文化
　.4　教育心理学. 教育的環境学
　.5　各種の教育論・類型
　　　英才教育, 個性教育, 自由教育,
　　　人格主義教育〔など〕
　.6　道徳教育. 宗教教育〔など〕　→：
　　　375.35
　.7　教育測定. 教育評価　→：375.17
　.8　教育調査法. 教育統計法
372　教育史・事情　＊地理区分
　.8　教育家〈列伝〉
373　教育政策. 教育制度. 教育行財政
　.1　教育政策. 教育制度. 学校制度
　.2　教育行政. 教育委員会. 教育視察
　.4　教育財政. 教育費. 私学助成. 奨学
　　　制度. 育英会
　.7　教員の養成・資格. 教員検定　→：
　　　374.3
374　学校経営・管理. 学校保健
375　教育課程. 学習指導. 教科別教育
　.1　学習指導〈一般〉. 学習指導要領
　.19　視聴覚教育
　.2　生活指導. 生徒指導
　.25　進路指導. 職業指導
　.3　社会科教育→：307
　.4　科学教育→：407
　.49　保健. 体育科
　.5　技術・家庭科
　.6　職業科. 職業教育. 産業教育
　　　　　　　　　　　→：507.7；607
　.7　芸術科→：707
　.8　国語科. 国語教育
　　　　　　→：810.7；817.5；817.7
　.9　教科書
376　幼児・初等・中等教育
　.2　初等教育. 小学校　＊地理区分
　.3　中等教育. 中学校　＊地理区分
　.4　高等学校. 高校生活　＊地理区分
　.7　各種学校. 専修学校. 専門学校
　.8　予備教育. 入学試験. 受験. 学習塾
　.9　外国人学校. 在外邦人学校

37　教　　育

370.1 → 371　370.2 → 372
①　一般的な教育体験記は 370.4 へ。
　　わが体験的教育論（中野孝次）370.4
　　各教科に関するものは 375 へ。
　　実生活にいきる数学の授業（江藤邦彦）
　　375.4
②　学校名鑑. 教育者人名録は 370.3 へ。
　　大学一覧は 377 へ。
　　個々の学校・大学の校誌などは 376/377
　　へ。
　　総合学園はその学園の最高の組織のもと
　　へ。
　　桃山学院百年史　377.2163
371.4　幼児・児童・青少年に関する一般研
　　究を収める。
　　思春期の人間関係：両親・先生・友だち
　　（加藤隆勝編）371.4
　青少年問題一般は 367.6 へ, 非行少年は
　368 へ。

374/375　一般論および小中高校に関するも
　　のを収め, 幼稚園, 大学に関するものは
　　376, 377 へ。
375　小中高校用のものはここへ。一般は各
　　主題へ。
　　家庭科教育法（池上謙ほか）375.4
375.17　学習評価. 学力調査. テスト［考
　　査. 試験］. 学習不振　→：371.7
　　外国の教科別教育は 372 へ。

愛知の高校入試改革（小川利夫）376.8
ミラノ日本人学校（大堀哲）376.9

377　大学．高等・専門教育．学術行政
　　.2　大学の歴史・事情　＊地理区分
378　障害児教育
379　社 会 教 育

ヨーロッパ大学都市への旅（横尾壮英）
　　377.23
379　生涯教育．生涯学習はここへ。

38　風俗習慣．民俗学．民族学
380.1　民間伝承論．民俗学
382　風俗史．民俗誌．民族誌　＊地理区分
383　衣食住の習俗
　　.1　服装．服飾史
　　.8　飲食史　＊地理区分
　　.9　住生活史
384　社会・家庭生活の習俗
385　通過儀礼．冠婚葬祭
386　年中行事．祭礼　＊地理区分
387　民間信仰．迷信［俗信］
388　伝説．民話［昔話］　＊地理区分
　　.8　ことわざ　＊地理区分
　　.9　民謡．わらべ唄　＊地理区分
389　民族学．文化人類学
　　　　　　→：163.2；469；702.02

38　風俗習慣．民俗学．民族学
380.2 → 382

服装の歴史（村上信彦）383.1
箸の本（本田総一郎）383.8

ケガレ〈民俗宗教シリーズ〉（波平恵美子）387
故事ことわざの辞典（尚学図書）388.8

389　ここには，民族学・文化人類学〈一般〉
　　および理論に関するものを収める。

39　国防　軍事　→；559
390.1　国防思想．軍国主義
391　戦争．戦略．戦術
392　国防史・事情．軍事史・事情
393　国防政策・行政・法令
394　軍事医学．兵食
395　軍事施設．軍需品
396　陸　　　軍
397　海　　　軍
398　空　　　軍
399　古代兵法．軍学

39　国防　軍事
390.2 → 392
自衛隊（林茂夫）392.1
徴兵制（大江志乃夫）393
392　＊地理区分

396.02 → 396.2　＊地理区分
397.02 → 397.2　＊地理区分
398.02 → 398.2　＊地理区分

4　自 然 科 学
401　科学理論．科学哲学
402　科学史・事情　＊地理区分
　　.9　科学探検・調査　＊地理区分
403　参考図書［レファレンスブック］
404　論文集．評論集．講演集
405　逐次刊行物
406　団体：学会，協会，会議
407　研究法．指導法．科学教育
408　叢書．全集．選集
409　科学技術政策．科学技術行政　＊地理
　　区分

4　自 然 科 学
①　この類には，純粋理論および実験的な
　ものを収め，応用は5類および6類等へ。
②　一図書で理論と応用を扱ったものは，
　応用へ。
　　半導体の理論と応用（植村．菊池）549
　　ただし，科学と技術の両面にわたる歴
　史は402へ。
　　日本の科学技術100年史（湯浅光朝）402.1
404　「水の話」など特殊な主題を種々の観点
　から総合的に扱ったものは，ここへ。

41　数　　　学
411　代 数 学
412　数　　　論［整数論］

41　数　　　学

413　解　析　学
414　幾　何　学
415　位 相 数 学
417　確率論. 数理統計学　　　　　417　近代統計学はここへ。
418　計　算　法
419　和算. 中国算法

42　物　理　学　　　　　　　　　**42　物理学**
421　理論物理学　　　　　　　　　　応用物理学は，関連主題のもとに収める。
423　力　　　学　　　　　　　　420.1 → 421
　　＊応用力学→ 501.3　　　　　　　相対性理論（中野董夫）421
424　振動学. 音響学
425　光　　　学
426　熱　　　学
427　電 磁 気 学　　　　　　　　　　電気の常識（関昭雄）427
428　物性物理学　　　　　　　　　　液晶（岩柳茂夫）428
429　原子物理学

43　化　　　学　　　　　　　　　**43　化　学**
431　物理化学. 理論化学　　　　　　化学工業は 570 に収める。
432　実 験 化 学 [化学実験法]　　　　新しい電気化学（電気化学協会編）431
433　分 析 化 学 [化学分析]
434　合 成 化 学 [化学合成]
435　無 機 化 学
436　　金属元素とその化合物
437　有 機 化 学
438　　環式化合物の化学
439　　天然物質の化学　　　　　　　酵素科学の基礎（ロイヤー）439

44　天文学. 宇宙科学　　　　　　**44　天文学. 宇宙科学**
441　理論天文学. 数理天文学　　　　440.1 → 441
442　実地天文学. 天体観測法
443　恒星. 恒星天文学
444　太陽. 太陽物理学
445　惑星. 衛星
446　月
447　彗星. 流星　　　　　　　　　448　ここには天文学的にみた地球を収める。
448　地球. 天文地理学　　　　　　　測地学入門（萩原幸男）448
449　時法. 暦学　　　　　　　　　　暦と占いの科学（永田久）449

45　地球科学. 地学　　　　　　　**45　地球科学. 地学**
450.9　自然地理　＊地理区分　　　　自然地理学講座（大明堂刊）450.8
451　気　象　学
　.9　気象図誌. 気象統計　＊地理区分　451.98　気象災害史はここへ。
452　海　洋　学
453　地　震　学　　　　　　　　　　地震防災（高橋博ほか編）453
454　地　形　学
455　地　質　学　＊地理区分
456　地史学. 層位学

457 古生物学. 化石
458 岩　石　学
459 鉱　物　学

宝石は語る（砂川一郎）459

46　生物科学. 一般生物学
461 理論生物学. 生命論
462 生物地理. 生物誌　＊地理区分
　.9　天然記念物　＊地理区分
463 細　胞　学
464 生　化　学
465 微　生物学
467 遺　伝　学
468 生　態　学
469 人　類　学

46　生物科学. 一般生物学
　博物学はここへ。
460.1 → 461
462.9　個々の天然記念物は，各主題のもと
　　　に収める。
　　　バイオの挑戦（軽部征夫ほか編）464

　　　種の起源（ダーウィン）467
468　生物と環境との関係，生活圏

47　植　物　学
471 一般植物学
472 植物地理. 植物誌　＊地理区分
　.9　天然記念物
473 葉　状　植　物
474 　藻類. 菌類
475 　コ　ケ　植　物［蘚苔類］
476 　シ　ダ　植　物
477 種　子　植　物
478 　裸　子　植　物
479 　被　子　植　物

47　植　物　学

473/479　個々の植物についての専門書以外
　　　の著作もここへ。

　　　竹のはなし（上田弘一郎）479

48　動　物　学
481 一般動物学
482 動物地理. 動物誌　＊地理区分
　.9　天然記念物
483 無脊椎動物
484 　軟体動物. 貝類学
485 　節　足　動　物
486 　　昆　虫　類
487 脊　椎　動　物
488 　鳥　　　類
489 　哺　乳　類

48　動　物　学

483/489
　①　動物の生態を読みもの風にした著作は
　　　ここへ。
　　　鮭の一生（稗田一俊ほか）487
　②　動物と人間の交流の記録，あるいは動
　　　物飼育の記録は記録文学として 9 □ 6
　　　へ。
　　　野生のエルザ（アダムソン）936

49　医　　　学
491 基　礎　医　学
492 臨床医学. 診断・治療
493 内　科　学
494 外　科　学
495 婦人科学. 産科学
496 眼科学. 耳鼻咽喉科学
497 歯　科　学
498 衛生学. 公衆衛生. 予防医学
499 薬　　　学

49　医　　　学
491　腫瘍・癌一般はここへ。
492　臨床医学一般および内科診断学を収め，
　　　各科，各疾患の診療・治療は 493/497 へ。
　　　痛みを診断する（山村秀夫）492
　　　リウマチ教室（西岡久寿樹）493

498　家庭医学は，598.3 へ。

5　技術. 工学	**5　技術. 工学**
501　工業基礎学	エネルギー資源（垣花秀武ほか）501.6
.3　応用力学	G デザインマークのすべて（豊口協）501.8
.6　工業動力. エネルギー	
.8　工業デザイン. 計装. 製図. 人間工学	
502　技術史. 工学史　＊地理区分	日本職人史の研究（遠藤元男）502.1
503　参考図書［レファレンスブック］	
504　論文集. 評論集. 講演集	
505　逐次刊行物	
506　団体：学会, 協会, 会議	
507　研究法. 指導法. 技術教育	507　発明, 工業所有権はここへ。
508　叢書. 全集. 選集	デザインの保護（播磨良承）507
509　工業. 工業経済	
.2　工業史・事情　＊地理区分	JIS 用語辞典（日本規格協会編）509
	509.02 → 509.2
51　建設工学. 土木工学	**51　建設工学. 土木工学**
511　土木力学. 建設材料	
512　測　　量	512　測量一般を収め, 道路, 森林などの各
513　土木設計・施工法	測量は, 特定主題へ。
514　道路工学	
515　橋梁工学	
516　鉄道工学	
517　河海工学. 河川工学	517　水資源〈一般〉はここへ。
518　衛生工学. 都市工学	技術と産業公害（宇井純編）519
519　環境工学. 公害	519.02 → 519.2　＊地理区分
52　建築学	**52　建築学**
521　日本の建築	建築美術は, ここに収める。
522　東洋の建築. アジアの建築	521/523　建築様式により分類する。
523　西洋の建築. その他の様式の建築	日本建築史論集（太田博太郎）521
＊地理区分	神戸異人館（広瀬安美）523.1
524　建築構造	
525　建築計画・施工	
526　各種の建築	
527　　住宅建築	
528　建築設備. 設備工学	
529　建築意匠・装飾	
53　機械工学	**53　機械工学**
531　機械力学・材料・設計	各種の産業機械は, その産業へ。
532　機械工作. 工作機械	
533　熱機関. 熱工学	
534　流体機械. 流体工学	風車（マグレガー）534
535　精密機器. 光学機器	
536　運輸工学. 車両. 運搬機械	
537　自動車工学	
538　航空工学. 宇宙工学	人工衛星（宮地政司）538
539　**原子力工学**	

54	電気工学	54 電気工学

54　電気工学
541　電気回路・計測・材料
542　電気機器
543　発　　電
544　送電．変電．配電
545　電灯．照明．電熱
（546　電気鉄道）
547　通信工学．電気通信
548　情報工学
　　.2　コンピュータ［電子計算機］
　　.3　自動制御工学．オートメーション．
　　　　ロボット
549　電子工学

54　電気工学

家庭電器は 545 または 592 へ。

547　情報ネットワークは 007.3 へ。
　　　電気通信産業は 694 へ。
　　　絵でみる VAN（榊原麻二）547

　　　ロボット革命（村杉治郎）548.3

55　海洋工学．船舶工学
551　理論造船学
552　船体構造・材料・施工
553　船体艤装．船舶設備
554　舶用機関［造機］
555　船舶修理．保守
556　各種の船舶・艦艇
557　航海．航海学
558　海洋開発
559　兵器．軍事工学

55　海洋工学．船舶工学
550.1 → 551

557.7　水路．水路測量
557.78　水路図誌．海図．水路報告　✦海洋
　　　　区分

56　金属工学．鉱山工学
561　採鉱．選鉱
562　各種の金属鉱床・採掘
563　冶金．合金
564　鉄　　鋼
565　非鉄金属
566　金属加工．製造冶金
567　石　　炭
568　石　　油
569　非金属鉱物．土石採取業

56　金属工学．鉱山工学

ろう付・はんだ付入門（恩沢忠男ほか）566

粘土の事典（岩本周一ほか）569

57　化学工業
571　化学工学．化学機器
572　電気化学工業
573　セラミックス．窯業．珪酸塩化学工業
574　化学薬品
575　燃料．爆発物
576　油脂類
577　染　　料
578　高分子化学工業
579　その他の化学工業

57　化学工業
有機プロセス工業（八嶋，藤元）570
ニューセラミックスの世界（境野照雄）573

灰の文化誌（小泉武夫）575
みんなの洗剤読本（合成洗剤研究会編）576

ゴム物語（中川鶴太郎）578
新・接着の秘密（本山卓彦）579

58　製造工業	**58　製造工業**
581　金属製品	
582　事務機器. 家庭機器. 楽器	
583　木工業. 木製品	
584　皮革工業. 皮革製品	
585　パルプ・製紙工業	
586　繊維工学	586.4　絹工業
587　染色加工. 染色業	製糸は639へ。
588　食品工業	589　既製服, 雑貨品, 文具などを収める。
589　その他の雑工業	ファッションビジネス基礎用語辞典（バンタ
〔衣服, 傘, 文房具, たばこなど〕	ンデザイン研究所）589

59　家政学. 生活科学　　　　　　　**59　家政学. 生活科学**
591　家庭経済・経営
592　家庭理工学　　　　　　　　　　592　日曜大工はここへ。
593　衣服. 裁縫　　　　　　　　　　　　　作る・日曜大工（木村鉄雄）592
594　手　芸　　　　　　　　　　　　　　暮しを変えるホームエレクトロニクス（谷岡
595　理容. 美容　　　　　　　　　　　　　仗治編）592
596　食品. 料理
597　住居. 家具調度
598　家庭衛生
599　育　児

6　産　業　　　　　　　　　　　　**6　産　業**
601　産業政策・行政. 総合開発　＊地理区　産業総記（600/609）は，第二次産業を含
　　　分　　　　　　　　　　　　　　　　めた産業一般を収める。
602　産業史・事情. 物産誌　＊地理区分　601　資源総合開発はここへ。
603　参考図書［レファレンスブック］　　　　日本資源読本（黒岩俊郎編）601
604　論文集. 評論集. 講演集　　　　　　　各資源については，各主題へ。
605　逐次刊行物
606　団体：学会, 協会, 会議
　.9　博覧会. 見本市. 国際見本市
　　　＊地理区分
607　研究法. 指導法. 産業教育
608　叢書. 全集. 選集
609　度量衡. 計量法

61　農　業　　　　　　　　　　　**61　農　業**
611　農業経済・行政・経営　　　　　　　　村の語る日本の歴史（木村礎）611
　.9　農村・農民問題
612　農業史・事情　＊地理区分　　　612　近世以前の農業経済・行政・経営はこ
613　農業基礎学　　　　　　　　　　　　　こへ。
614　農業工学　　　　　　　　　　　　　　土の科学（大政正隆）613
615　作物栽培. 作物学　　　　　　　　　　水車史考（李家正文）614
616　　食用作物　　　　　　　　　615　個々の作物栽培は616/618および
617　　工芸作物　　　　　　　　　　　　625/627へ。
618　　繊維作物　　　　　　　　　　　　茶栽培全科（大石貞男）617
619　農産物製造・加工

62	園 芸		62	園 芸
621	園芸経済・行政・経営		620.2 → 622	
622	園芸史・事情　＊地理区分			
623	園芸植物学. 病虫害			
624	温室. 温床. 園芸用具		624	個々の温室栽培などは 625/627 へ。
625	果 樹 園 芸			
626	蔬 菜 園 芸			
627	花 卉 園 芸［草花］		627	花コトバ, 国花, 県花もここへ。
628	園 芸 利 用			
629	造　　園　→ : 518.85 ; 650			

63	蚕 糸 業		63	蚕 糸 業
631	蚕糸経済・行政・経営		630.2 → 632	
632	蚕糸業史・事情　＊地理区分			
633	蚕学. 蚕業基礎学			
634	蚕　　　種			
635	飼　育　法			
636	くわ. 栽桑			
637	蚕室. 蚕具			
638	ま　　　ゆ			
639	製糸. 生糸. 蚕糸利用			

64	畜 産 業		64	畜 産 業
641	畜産経済・行政・経営		640.2 → 642	
642	畜産史・事情　＊地理区分			日本畜産の将来と国際対応（農林経済研究所編）641
643	家畜の繁殖. 家畜飼料			
644	家畜の管理. 畜舎. 用具		644	個々の家畜の管理は 645/646 へ。
645	家畜. 畜産動物. 愛玩動物			
646	家禽		646.9	みつばち. 養蜂. 昆虫
［647］	みつばち. 昆虫　→ 646.9			
648	畜産製造. 畜産物			
649	獣医学			

65	林　　業　→ : 629		65	林　　業
651	林業経済・行政・経営		650.2 → 652	
652	森林史. 林業史・事情　＊地理区分			
653	森林立地. 造林			
654	森 林 保 護			
655	森 林 施 業			
656	森 林 工 学			
657	森林利用. 林産物. 木材学			
658	林 産 製 造			
659	狩　　猟　→ : 787.6			

66　水　産　業	**66　水　産　業**
661　水産経済・行政・経営	660.2 → 662
662　水産業および漁業史・事情　＊地理区分	661　個々の水産物に関する生産経済・流通
663　水産基礎学	は，664, 666 へ。
664　漁労. 漁業各論	664　魚釣りの類は 787 へ。
665　漁船. 漁具	
666　水産増殖. 養殖業	
667　水産製造. 水産食品	
668　水産物利用. 水産利用工業	
669　製塩. 塩業	

67　商　　　業　　　　　　**67　商　　　業**

670.1　商業概論. 商学　　　　流通経済〈一般〉は，ここに収める。（別
　　.9　商業通信［ビジネスレター］. 商業作　　法：675.4）
　　　文. 商用語学　＊言語区分　　670.2 → 672
671　商業政策・行政　　　　　　　貿易ビジネス英語用語辞典（藤田栄一編）
672　商業史・事情　＊地理区分　　　670.93
673　商業経営. 商店
674　広告. 宣伝
675　マーケティング　　　　　675　個々のマーケティングや商品の流通な
676　取　引　所　　　　　　　　　　どは，各主題のもとへ。
678　貿　　　易　　　　　　　　　例：673.7 小売業のマーケティング（別
　　.2　貿易史・事情　＊地理区分　　　法：336.75/.78）
　　.9　貿易統計　＊地理区分　　678　個々の貿易品もここへ。
　　　　　　　　　　　　　　　　　　通商白書（通商産業省編）678.21

68　運輸. 交通　　　　　　**68　運輸. 交通**

681　交通政策・行政・経営　　680.2 → 682
682　交通史・事情　＊地理区分
683　海　　　運　　　　　　　683　水運〈一般〉はここへ。
684　内陸水運. 運河交通
685　陸運. 道路運輸　　　　　685　近世以前のものは，682 へ。
686　鉄道運輸　　　　　　　　　　宿場と街道（今戸栄一編）682.1
687　航空運輸
688　倉　庫　業
689　観光事業　　　　　　689　レジャー産業〈一般〉はここへ。

69　通信事業　　　　　　**69　通信事業**

691　通信政策・行政・法令　　690.2 → 692
692　通信事業史・事情　＊地理区分
693　郵便. 郵政事業
694　電気通信事業　　　　　　　NTT 情報事典（角間隆）694.03
　　.6　電話
699　放送事業：テレビ，ラジオ　　テレビメディアの社会力（藤竹暁）699

7 芸術. 美術
701 芸術理論. 美学
702 芸術史. 美術史　＊地理区分
　　.8 芸術家. 美術家〈列伝〉
　　.9 郷土芸術〈一般〉
703 参考図書［レファレンスブック］
704 論文集. 評論集. 講演集
705 逐次刊行物
706 団体：学会, 協会, 会議
　　.9 美術館. 展覧会
707 研究法. 指導法. 芸術教育
708 叢書. 全集. 選集
　　.7 美術図集
709 芸術政策. 文化財　＊地理区分

71 彫　　刻
711 彫塑材料・技法
712 彫刻史. 各国の彫刻　＊地理区分
713 木　　　彫
714 石　　　彫
715 金属彫刻. 鋳造
717 粘土彫刻. 塑造
718 仏　　　像
719 **オブジェ**

72 絵　　画
721 日　本　画
722 東　洋　画
723 洋　　　画　＊地理区分
724 絵画材料・技法
725 　素描. 描画
726 漫画. 挿絵. 児童画
727 グラフィックデザイン. 図案
728 書. 書　道
　　.2 書道史. 書家および流派

73 版　　画
731 版画材料・技法
732 版画史. 各国の版画　＊地理区分
733 木　版　画
734 石版画［リトグラフ］
735 銅版画. 鋼版画
736 リノリウム版画. ゴム版画
737 写真版画. 孔版画
739 印章. 篆刻. 印譜

7 芸術. 美術
芸術家の伝記
① 各国, 各分野にわたる芸術家の叢伝は
　702.8 に収める。
　　わが生涯の芸術家たち（ブラッサイ）702.8
② 個人の伝記は研究・評論とともに, 国
　籍によって各芸術史のもとに収める。
　　バッハの美学（シュレゼール）762.34
③ 多面的な活躍をした芸術家の伝記は,
　最も顕著な分野に収める。
　　ピカソは語る（パルムラン）723.36
ただし, 最も顕著な分野が断定できない場
合は, その芸術家の国籍により芸術史に収
める。
　　ミケランジェロ（会田雄次）702.37

71 彫　　刻
710.2 → 712
712 彫刻家の個人の伝記はここへ。
　　高田博厚（福田真一編）712.1

72 絵　　画
721/723
① 各国の絵画史, 叢伝, 研究・評論およ
　び画集はここへ。
　　日本絵画史年紀資料集成（東京国立文化財研
　　究所編）721
　　日本洋画史（外山卯三郎）723.1
② 個人伝記, 研究・評論および画集は画
　風により, 国籍で地理区分する。
　　東山魁夷の道（東山魁夷）721
　　三岸節子―花のデッサン帖　723.1
728.02 → 728.2

73 版　　画
730.2 → 732
① 版画の材料・技法が特定できるものは
　733/737 へ。
② 個人伝記, 研究・評論は732.1/732.7へ。
　　棟方志功全集　732.1
　　ゴヤ全版画集　732.36
③ 浮世絵の版画は721 へ。

74　写　真	**74　写　真**
742　写真器械・材料	
743　撮　影　技　術	
744　現像．印画	744　デジタル写真処理はここへ。
745　複　写　技　術	748　写真作家の写真集は，ここへ。特定主
746　特　殊　写　真	題の説明を意図したものは，その主題へ。
747　写真の応用	入江泰吉　大和路巡礼　748
748　写　真　集	木之下晃写真集　世界の音楽家　762
749　印　　刷	

75　工　芸

75　工　芸	**75　工　芸**
751　陶　磁　工　芸	芸術的要素をもつ手工芸および伝統的手
752　漆　工　芸	工芸はここへ。工業として扱ったものは，
753　染　織　工　芸	570/589 に収める。
754　木　竹　工　芸	754.9　紙工芸〔ペーパークラフト〕もここへ。
755　宝石・牙角・皮革工芸	
756　金　工　芸	
757　デザイン．装飾美術	757　デザイン
758　美　術　家　具	デザイン一般はここへ。工業デザインは
759　人形．玩具	501.83，商業デザインは 674.3 へ。各種デ
	ザインは各主題のもとへ。

76　音　楽	**76　音　楽**
761　音楽の一般理論．音楽学	760.1 → 761　　760.2 → 762
762　音楽史．各国の音楽　＊地理区分	762　音楽一般の歴史は 762 に収めて地理区
763　楽器．器楽	分するが，特定の楽器・器楽，および宗教
764　器　楽　合　奏	音楽，劇音楽，声楽，邦楽の歴史は，761/
765　宗教音楽．聖楽	768 へ。
766　劇　音　楽	
767　声　楽	767　歌曲集などで楽譜を伴うものはここへ。
768　邦　楽	歌詞のみは文学へ。
769　舞踊．バレエ　＊地理区分	767.8　流行歌手，ジャズ歌手，ロック歌手
	はここへ。

77　演　劇	**77　演　劇**
771　劇場．演出．演技	ここには，舞台芸術を収める。
772　演劇史．各国の演劇　＊地理区分	770.2 → 772
773　能楽．狂言	脚本・戯曲集，シナリオは９□２へ。
774　歌　舞　伎	倉本聡コレクション　912.7
775　各種の演劇	ただし素人演劇の脚本・戯曲集は775.7へ。
.1　新派．新劇．近代劇	772　日本の個々の演劇史は，773/777 へ。
.7　学校劇．児童劇．学生演劇	日本現代演劇史（大笹吉雄）772.1
777　人　形　劇　＊地理区分	歌舞伎史の画証的研究（諏訪春雄）774
778　映　画	772.8　芸能人〈一般〉はここへ。
.2　映画史．各国の映画　＊地理区分	
779　大　衆　演　芸	
.1　寄席	
.5　サーカス	
.9　放送演芸	779.9　テレビタレントはここへ。

78　スポーツ．体育
781　体操．遊戯
782　陸上競技
783　球技
784　冬季競技
785　水上競技

786　戸外レクリエーション
787　釣魚．遊猟
788　相撲．拳闘．競馬
789　武術

79　諸芸．娯楽
791　茶道
792　香道
793　花道［華道］
794　ビリヤード
795　囲碁
　8　オセロ
796　将棋
797　射倖ゲーム
798　その他の室内娯楽
799　ダンス　→:769

8　言語
801　言語学
　.1　音声学．音韻論．文字論
　.2　語源学．意味論［語義論］
　.3　辞典編集法．多言語辞典
　.4　語彙論
　.5　文法論
　.6　文章論．文体論．修辞学
　.7　翻訳法．解釈法．会話法
　.8　方言学．言語地理学
　.9　音声によらない伝達
802　言語史・事情．言語政策 ＊地理区分
803　参考図書［レファレンスブック］
804　論文集．評論集．講演集
805　逐次刊行物
806　団体：学会，協会，会議
807　研究法．指導法．言語教育
808　叢書．全集．選集
809　言語生活
　.4　演説法

78　スポーツ・体育

783　球技
　.1　バスケットボール　　.6　卓球
　.2　バレーボール　　　　.7　野球
　.3　ハンドボール．ドッジボール
　.4　フットボール　　　　.8　ゴルフ
　.5　テニス　　　　　　　.9　ボウリング
786　サバイバルゲームはここへ。登山記，ルート図，ガイドブックは 290/297 へ。
　　登山の知識と計画（大内尚樹）786
　　上高地・穂高・常念10コース（三宅修ほか）291.5
789　格闘技はここへ。

79　諸芸．娯楽
室内・外の遊びの種類，遊び方を総合的にまとめたものは790へ。室内のみは798へ。戸外の体育遊戯は781.9へ。

797　トランプ，麻雀なども収める。
798　パズル，クイズ，コンピュータゲームはここへ。
　　世界なぞなぞ大事典（柴田武ほか編）798

8　言語
辞典はつぎのように扱う。
　2言語辞典のうち（1）日本語対外国語は外国語のもとに収める；ただし漢和辞典および外国人向けの日本語辞典は日本語のもとに収める：（2）外国語対外国語は日本人にとって疎遠な言語のもとに収める；（3）疎遠な言語を判断しがたいものは，見出し語（解釈される語）の言語のもとに収める；なお外国語対外国語のもので，双方から検索できるよう2部分から構成されている辞典は，後半が明らかに主要と判断されない限り，前半を対象として分類する。

　三つ以上の言語からなる辞典（多言語辞典）は，801.3へ。

　点字と手話は，音声によらない伝達（801.9）として，それぞれ801.91，801.92

.5　対談・座談法．インタビュー法
.6　討論・会議法
.9　タイピング

81　日　本　語
811　音声．音韻．文字
812　語源．意味［語義］
813　辞　　典
　.1　国語辞典
　.2　漢和辞典
　.6　古語辞典
　.7　新語辞典．流行語辞典．外来語辞典
814　語　　彙
　.6　古語
　.7　新語．流行語．外来語．略語
815　文法．語法
816　文章．文体．作文
817　読本．解釈．会話
818　方言．訛語　＊日本地方区分

82　中　国　語
821　音声．音韻．文字
822　語源．意味［語義］
823　辞　　典
824　語　　彙
825　文法．語法
826　文章．文体．作文
827　読本．解釈．会話
828　方言．訛語
829　その他の東洋の諸言語
　.1　朝鮮語［韓国語］

83　英　　語
831　音声．音韻．文字
832　語源．意味［語義］
833　辞　　典
834　語　　彙
835　文法．語法
836　文章．文体．作文
837　読本．解釈．会話
838　方言．訛語

84　ド　イ　ツ　語
849　その他のゲルマン諸語

85　フランス語
859　プロバンス語

へ。ただし点字は 378.18 に，手話は
378.28 に収める別法が設けられている。

< 81 ／ 89 各言語>
　各言語は，すべて言語共通区分により細
分することが可能。ただし，言語の集合
（諸語）および分類記号を複数の言語で共
有している言語には，言語共通区分の細分
を行わない。
　東洋の諸言語の文字 829（829.1 としな
い）以上の原則は，83（英語）以降の分野
にも適用する。

813　ここには，語彙に関する辞典を収め，
　　　その他の主題に関する辞典は，各主題のも
　　　とに収める。
　　例：語源辞典→ 812.033（形式区分 -033）
　　　外来語辞典（荒川惣兵衛）813.7
　　　現代外来語考（石野博史）814.7
　　　文章への旅（青木利夫）816
　　　東京語（田中章夫）818.36

　82 の下に，言語共通区分を行う。<829.1/
829.76> は，<821/828> と同様に言語共通区
分を行う〔当テキスト編者補注〕。
　　韓国語の辞典　829.13
　　アラビア語の語源　829.762

　日本語，中国語，朝鮮語を除く各言語は，
言語共通区分を英語に準じて細分可能。
　例えば英語では，つぎのように展開してい
る。〔当テキスト編者補注〕。
　　833　辞典
　　.1　英英辞典
　　.2　和英辞典
　　.3　英和辞典
　　835　文法．語法
　　.5　動詞：態，法，時制
　　独和辞典→ 843.3

フランス語の時制→ 855.5

86　スペイン語
869　ポルトガル語

87　イタリア語
879　その他のロマンス諸語

88　ロ シ ア 語
889　その他のスラブ諸語

89　その他の諸言語
891　ギリシア語
892　ラ テ ン 語
893　その他のヨーロッパの諸言語
894　アフリカの諸言語
895　アメリカの諸言語
897　オーストラリアの諸言語
899　国　際　語［人工語］
　　.1　エスペラント

9　文　学　＊言語区分
901　文学理論・作法
　　.1　詩歌．韻律学．作詩法
　　.2　戯曲．劇作法
　　.3　小説．物語
　　.4　評論．エッセイ．随筆
　　.5　日記．書簡．紀行
　　.6　記録．手記．ルポルタージュ
　　.7　箴言．アフォリズム．寸言
　　.8　民間・口承文芸
　　.9　比較文学
902　文学史．文学思想史
　　.09　文学に現れた特殊な主題
　　＜.1／.7 文学形式＞
903　参考図書［レファレンスブック］
904　論文集．評論集．講演集
905　逐次刊行物
906　団体：学会，協会，会議
907　研究法．指導法．文学教育
908　叢書．全集．選集
　　＜.1／.7 文学形式＞
909　児童文学研究
　　.1　児童詩．童謡
　　.2　児童劇．童話劇
　　.3　童話

9　文　学
文学作品は，原作の言語によって分類し，文学形式によって区分する。日本語などの特定の言語の文学に限り，時代によって区分する。
文学研究は，他の類と同様，主題により分類する。そのうち作家研究は「個人作家（2 人をも含む）」と「多数作家」に関するものとで分けられる。
作品論は「1 作品」と「複数作品」に関するものとで分けられる。
文学一般における特殊な主題を扱ったものは，902.09 へ。

908　ここには，文学研究に関する叢書と，主要な言語を特定できない作品集を収める。
　　岩波講座　文学　908
　　世界文学全集（講談社刊）　908
909　ここには，児童文学研究書を収め，児童文学作品は各言語の文学または 908 のもとに収める。
　　児童文学論（スミス）　909
　　星の王子さま（サン＝テグジュペリ）953

91　日本文学

910.2　日本文学史
910.26　近代：明治以後. 作家の伝記［作家研究］
910.268　作家の個人伝記［作家研究］
910.28　作家の列伝［作家研究］
911　詩　　歌
　.1　和歌. 短歌
　.2　連歌
　.3　俳諧. 俳句
　.4　川柳. 狂句
　.5　詩：新体詩, 近代詩, 現代詩
　.6　歌謡
912　戯　　　曲
　.2　舞の本
　.3　謡曲
　.4　浄瑠璃：近松門左衛門, 紀海音
　.5　歌舞伎：鶴屋南北, 河竹黙阿弥
　.6　近代戯曲
　.7　シナリオ. 放送ドラマ
　.8　児童劇
913　小説. 物語
　.2　古代前期［上代］：奈良時代まで
　.3　古代後期［中古］：平安時代
　.4　中世：鎌倉・室町時代
　.5　近世：江戸時代
　.6　近代：明治以後
　.68　複数作家の作品集
　.7　講談・落語本. 笑話集
　.8　童話
　［.9］　翻訳小説
914　評論. エッセイ. 随筆
　.3　古代：平安時代まで
　.4　中世：鎌倉・室町時代
　.5　近世：江戸時代
　.6　近代：明治以後
915　日記. 書簡. 紀行
　.3　古代：平安時代まで
　.4　中世：鎌倉・室町時代
　.5　近世：江戸時代
　.6　近代：明治以後
916　記録. 手記. ルポルタージュ
917　箴言. アフォリズム. 寸言
918　作品集：全集, 選集
　.3　古代：平安時代まで
　.4　中世：鎌倉・室町時代
　.5　近世：江戸時代
　.6　近代：明治以後
　.68　個人全集・選集

＜ 91 ／ 99 各言語の文学＞

　各言語の文学は, 諸語などの場合を除きすべて文学共通区分により細分することが可能。

910.26　ここには, 文学史のほか, (1) 小説家の列伝［作家研究］, (2) 文学形式を特定できない列伝［作家研究］, (3) 多数作家の小説の研究, (4) 小説史などを収める。
　　鷗外・芥川・太宰源論（藤井和義）910.26

910.268　ここには, (1) 小説家の個人伝記［作家研究］, (2) 文学形式を特定できない作家の個人伝記［作家研究］, (3) 個人作家の複数の小説の研究などを収める。
　　級友三島由紀夫（三谷信）910.268

910.28　ここには, 主要な文学形式および時代を特定できない列伝を収める。
　　詩人, 歌人, 俳人などは, 活動分野へ。
　　北原白秋ノート（飯島耕一）911.5

912　小説を戯曲化したものは, 脚色者の戯曲として扱う。
　　戯曲・赤と黒（スタンダール原作　大岡昇平脚色）912.6

913.6　ここには, (1) 個人の単一の小説, (2) 個人の小説集, (3) 特定の小説に関する作品論を収め, 複数作家の作品集は913.68 に収める。

914　文学者のものに限らず, 小論文的なものや生活随想はここへ。
　　幸せのものさし（森本毅郎）914.6

916　主題があいまいであったり, 特定主題のものでも物語風のものはここへ。
　　千人針（森南海子）916

919 漢詩文. 日本漢文学

92 中国文学
920.2 中国文学史
　　.27 近代：民国以後, 作家の伝記［作家研究］
　　.278 作家の個人伝記［作家研究］
　　.28 作家の列伝［作家研究］
921 詩歌. 韻文. 詩文
922 戯　　曲
923 小説. 物語
924 評論. エッセイ. 随筆
925 日記. 書簡. 紀行
926 記録. 手記. ルポルタージュ
927 箴言. アフォリズム. 寸言
928 作品集：全集, 選集
929 **その他の東洋文学**
　　＊829 のように言語区分

93 英米文学
930.2 英米文学史
　　.28 作家の列伝［作家研究］
　　.29 アメリカ文学
931 詩
932 戯　　曲
933 小説. 物語
934 評論. エッセイ. 随筆
935 日記. 書簡. 紀行
936 記録. 手記. ルポルタージュ
937 箴言. アフォリズム. 寸言
938 作品集：全集, 選集

94 ドイツ文学
949 **その他のゲルマン文学**

95 フランス文学
959 **プロバンス文学**

96 スペイン文学
969 **ポルトガル文学**

920.27 ここには, 文学史のほか, (1) 小説家の列伝［作家研究］, (2) 文学形式を特定できない列伝［作家研究］, (3) 多数作家の小説の研究, (4) 小説史などを収める。

920.278 ここには, (1) 小説家の個人伝記［作家研究］, (2) 文学形式を特定できない作家の個人伝記［作家研究］, (3) 個人作家の複数の小説の研究などを収める。

920.28 ここには, 文学形式及び時代を特定できない列伝を収める。
　詩人は 9□1 へ, 劇作家は 9□2 へ分類する。
　李白（王運熙ほか）921

カナダ文学に関する研究もここへ。

930.25；930.26；930.27 ここには, 文学史のほか, (1) 小説家の列伝［作家研究］, (2) 文学形式を特定できない列伝［作家研究］, (3) 多数作家の小説の研究, (4) 小説史などを収める。

930.258；930.268；930.278 ここには, (1) 小説家の個人伝記［作家研究］, (2) 文学形式を特定できない作家の個人伝記［作家研究］, (3) 個人作家の複数の小説の研究などを収める。

930.28 ここには, 文学形式および時代を特定できない列伝を収める。

930.29 ここには, 一般的なものおよび文学史を収め, 作品および作家の伝記は, イギリス文学と同様に扱う。

スイス文学に関する研究もここへ。
オーストリア文学の作品およびそれに関する研究は, ドイツ文学と同様に扱う。
949.3 オランダ文学
949.6 ノルウェー文学
949.7 デンマーク文学

ベルギー文学に関する研究もここへ。
950.29 フランス以外のフランス語文学

960.29 スペイン以外のスペイン語文学
969.029 ポルトガル以外のポルトガル語文学

| 97 | **イタリア文学** | | |
| 979 | **その他のロマンス文学** | 979.1 | ルーマニア文学 |

| 98 | **ロシア・ソビエト文学** | | |
| 989 | **その他のスラブ文学** | 989.8 | ポーランド文学 |

99	**その他の諸言語文学**		
991	ギリシア文学		
992	ラテン文学		
993	その他のヨーロッパ文学	993.61	フィンランド文学
994	アフリカ文学	993.7	ハンガリー文学
995	アメリカ諸言語の文学		
997	オーストラリア諸言語の文学		
999	国際語［人工語］による文学	999.1	エスペラント文学

7. 資料の別置：別置法

　分類した資料は，書架上に分類記号順に一元的に配列するのが原則であるが，特定の資料群に対しては，管理上あるいは利用の頻度・形態の点から，一般資料とは別に配列するほうが便利な場合が多い。つまり主題以外の基準による区分を分類記号より優先させて配列する方法である。これを別置法という。

　別置する資料群には分類記号とは別に，別置を示す特定の記号（別置記号），多くはローマ字1字または2字を分類記号に冠して表す。

　別置記号は記入の所在記号に用い，資料のラベルには別置記号の代わりに，ラベルの枠の色で表示（区別）する方法もある。

〈別置する資料群と記号〉：別置記号

　別置の対象とする資料群にはつぎのようなものがあるが，種類を多くすると，かえって煩雑となるので，最小限にとどめることが望ましい。

　1)　管理上

　　1　職員の研究・研修書や教材として特別教室（社会科教室など）へ別置する資料

　　2　開架室資料と書庫内資料（書庫入れの場合に，Sなどの記号を付加する例がある）

　　3　貴重資料

　2)　利用上（その記号法はすべて例示）

　　1　参考資料（レファレンス・ツール）

　　　031／038，059，351／358 および形式区分 03，059，言語共通区分 3 の付くもの。

　　　たとえば，別置記号　R（Reference books）＋分類記号

　　　　世界地図帳　　　　　　R29

　　2　逐次刊行物（合冊）

　　　071/077 および形式区分 05 が付くもの。

　　　たとえば，別置記号　M（Magazine）または P（Periodical）。

　　　分類記号は，第二次区分にとどめ，誌名の五十音順に配列

　　　　音楽の友　　　　　　　M7

　　未合冊（非合冊）のものは，記号によらず，館内案内等で配架順を示
し配架することが多い。

3　新　聞

　　新聞（原紙）は記号を付けずタイトル順に配架する。

　　縮刷版の場合，原紙と同じ場所に配架せず一般書架に配架することが
ある。

4　小　説

　　別置記号はF（Fiction）を用いる例が目立つが，小説の点数の多さ少
なさにより，つぎのような扱い方がある。

ⅰ）小説には，すべてFのみ。

ⅱ）F＋言語区分

　　　日本の近代（明治以降）小説はF1，フランスの小説はF5

ⅰ）ⅱ）とも同一記号内は，著者名順に配列する。

5　学習参考資料

　　別置記号はG（Gakushu）を用い，分類記号は第二次区分にとどめる。

6　児童資料・絵本

　　児童資料にはK（Kodomo）またはJ（Jido），絵本にはE（Ehon）

7　郷土資料

　　地名のイニシャルを別置記号とする。

3）　形態上

1　大型本

　　L（Large）＋分類記号

　　　世界美術全集　　L708

2　文庫本

　　B（Bunko）＋分類記号　　ただし，小説は4ⅰ）ⅱ）と同様。

　　　学校と社会（J. デューイ）〈岩波文庫〉　B371

　　　女の一生（モーパッサン）〈新潮文庫〉　B　F5

3　メディア別

　　資料メディアごとに集めることもある。

ビデオディスク　VD

8.　図書記号（資料の二次配列記号）

　図書記号とは，同一分類記号をもつ資料群の配列の順序づけをするため，個々の資料に与える記号である。「図書」に限らず資料全般で使用するので二次配列記号と呼びたい。

　分類記号と合わせて所在記号（コールナンバー，請求記号ともいう）を構成し，資料の所定の箇所（例：標題紙），資料の背（通常ラベル）に記載され，資料の配列と検索および出納の手段などの役割をもっている。

〈図書記号の種類〉

(1)　受入順記号法

　同一分類記号のなかで，受入順にアラビア数字の一連の番号を与える方法で，古くから採用されている。

(2)　著者記号法

　同一分類記号のなかを著者名順に配列する（同一著者の著作を集中させることを意図する）もので，そのための記号を著者記号といい，記号の対象は，著者。ただし個人の伝記書は被伝者を記号化するのが一般的。

2.1)　著者名の頭文字式（初字式）

　著者の姓の初めの1字ないし2字を，仮名（片かな）またはローマ字で表す方法である。仮名の場合，清音を用いる。

2.2)　著者記号表

　著者名の頭文字と数字を組み合わせた一覧表が著者記号表で，ブラウン表，メリル表，カッター・サンボーン表，国立国会図書館和漢書著者記号表，日本著者記号表（もり・きよし）などがある。

　日本著者記号表は主に日本人の姓を対象とし，中国人，西洋人の姓にも使用できるよう編成されている。著者の頭文字（ローマ字）1文字と2数字の組み合わせを原則とするが，日本人の姓に多い頭文字，K，M，S，Tは，2文字（2文字目は小文字）を用いる。逆に使用度の少ないKl，Knなどは数字を1個のみ使用し，Kh，Xなどでは数字を付けない。

　著者記号の決め方は，日本人・中国人・朝鮮人の姓はヘボン式，西洋人の姓は原綴りによる。

(3)　年代記号法

　同一分類記号のなかを，資料の出版年の年代順に配列する図書記号法で，科学技術の分野で有効な記号法である。年代記号法には，メリル法，ブラウン法，ビスコー法，ランガナタン法などがある。また単に西暦下3桁を付す方法もある。たとえば1987年刊の資料に987を，2019年刊の資料に019と付す。

〈図書記号の適用〉

　図書記号の適用に際しては，同一分類記号をもつ資料の点数との関係で考える。同一分類記号をもつ資料が書架の棚1段ないし2段程度の数量の場合，図書記号は不要である。ただし，以下の場合は原則として図書記号を与えるのが望ましい。

1. 小説（F）はじめ文学作品には，著者名のイニシャルを片かなまたはローマ字で表示する方法を採るなど。
2. 個人伝記は，被伝者名のイニシャルを片かなまたはローマ字で表示するなど。

9.　所在記号の表示

　資料を書架に配列し，検索し，出納する目印として，所在記号を資料の背に表示する。

　ラベルの貼付位置は，背文字を隠さない程度で資料の背の下から1.5cm程度にそろえる。ラベルの汚れと，はがれを同時に防ぐため，透明な接着シート（ラベルキーパー）の貼付等がなされることが多い。

10.　書架上の配列（配架）

　個々の資料に貼付したラベルに表示された所在記号をもとに，まず別置記号のあるものは記号ごとに分け，それぞれのなかで分類記号順に，ついで図書記号順に書架上に配列する。

　書架の原則は，書架一連ごとに最上段の左から右へ，最下段まで配架する。

書架分類であるから，後から入って来る資料のために各棚右側には余裕を残し配架する。

　開架室では，レファレンスブックはカウンターの近くに，小説，児童資料は出入口の近くに，新刊書は目立つ場所の特定の書架に一時的に配架する。

　最後に利用者が求める主題の配架位置がわかるように，配置図の掲示や，書架，棚単位に"哲学"とか"音楽"のように書架案内板，書架見出しを，さらに書架上には第一次区分，第二次区分が変わるごとに見出（分類）板を備える。

11.　種々のメディア

　視聴覚資料はその物理的性質上，あるいは取扱い上から図書とは別置することが多い。資料そのものや再生装置を利用者が自由に利用できる方式を採る図書館では，資料ごとにある程度の書架分類を NDC 等で行う。

第Ⅲ章　著者，タイトルからの検索　1
―目 録 法 総 論―

1.　目録の意義

　図書を例にとると資料は書架上で分類順に配列されているが，タイトルや著者名からも検索したい場合に目録を備えることにより，こうした目的を実現することができる。さらにまた主題からの検索も，目録を利用することにより充実してきた。コンピュータ目録中心の今日では，上記以外の種々の面から書誌検索は可能である。

　この章では著者，タイトル（書名）からの検索を中心に，目録に関する基本的な事項（総論）について述べる。

2.　目録のいろいろ―定義

　目録という語は図書館の領域では蔵書の記録（図書館目録：以下「目録」）という意味で使用する。「目録」という語は「文献目録」というような形でも使用されている。所蔵を示すものでない限りは「書誌」と呼び，「目録」と区別するのが図書館界の通例である。

　目録はつぎのような種類に分けられる。

2.1　形態から見た目録の種類

　紙の出現以後の「目録」では，冊子目録が最も古い起源をもっている。また19世紀末に登場して昨今までの主流を占めてきたカード目録，現在中心的な働きをしているコンピュータ目録などがある。

2.1.1　冊子目録

　今日ではほとんど見られなくなってきたが，特別コレクション（文庫）などの目録として使用されることもある。（付　資料4）

2.1.2　カード目録

カードに記録をとり，これを配列した目録。

19世紀末に誕生し1980年代まで中心的であったが，コンピュータ目録への移行が進んでいる。

2.1.3　コンピュータ目録（機械可読目録）

コンピュータによって検索する目録。コンピュータ処理上の区分で，オンライン型とバッチ処理（事後処理）型に分かれる。コンピュータの処理能力の向上により，今日ではオンライン型がほとんどである。なお，コンピュータ目録が導入され始めたころはコンピュータからカードや冊子目録に打ち出して閲覧用に提供する形が採られることがあった。

1980年代に入って公共図書館ではコンピュータを導入した。コンピュータ利用の業務は，貸出業務から目録の編成・検索（OPAC），情報検索（IR）などに広がっている。学校図書館ではパッケージシステムを主体としたパーソナル型のコンピュータが普及しつつある。市区町村図書館と結び，目録情報のネットワーク化，図書館間貸出（ILL）がより進むであろう。

多くの学術資料を所蔵する大学図書館はコンピュータ化が充実している。

なお，国立国会図書館のJAPAN/MARCや国立情報学研究所のNACSIS-CATなどが，全国レベルの書誌ネットワーク化に向けて動き始めている。

国際的にも書誌データベースの構築が図られ，その共有化が進められている。

冊子目録，カード目録，コンピュータ目録の比較

すぐれている点

冊子目録	カード目録	コンピュータ目録
一覧性がある 場所をとらない 外部で検索が可能	新規挿入が自由 削除・訂正が容易 導入がしやすい	一覧性がある 削除・訂正が容易 外部で検索が可能 アクセス・ポイントが豊富 配列作業が不要 外部の目録と連結が可能

留意したい点

冊子目録	カード目録	コンピュータ目録
削除・訂正が困難 複数の冊子に分散 更新間隔が長い	一覧性に欠ける 広い設置場所が必要 配列に手間がかかる 外部で検索できない	司書には目録技術だけでなくコンピュータ関係の技術，その管理，運用能力が求められる

2.2　機能から見た目録の種類

コンピュータ目録を中心に機能面から目録の基本的仕組を述べる。

2.2.1　閲覧(用)目録 ― 利用者用目録

　求める資料がその図書館にあるか，どの書架に配列されているかといったことを利用者に知らせる機能をもつ目録である。

　検索するうえでの「カギ」を考えて目録の種類が決められる。この「カギ」はタイトル，著者，主題キーワード，その他のアクセス・ポイントまたはそれらの組み合わせである。

2.2.2　事務用目録

　資料の収集・整理・点検などの能率的管理を行うために備えられる。多くの点で閲覧（用）目録と兼用でき，カード目録が主流であった時代は利用者用目録とは別に編成されていたことが多かったが，コンピュータ目録が主流となった現在では，業務に応じて必要なデータを抽出して利用するケースがほとんどである。

　①　**書架目録**　資料の記入を書架上の資料の配列と同一の順序に表示する目録。分類記号決定の参考，図書記号の決定（一資料一記号の場合），蔵書構成の把握，蔵書点検などのために用いうるよう蔵書データから出力して利用する。

　②　**基本目録**（整理用目録）　継続出版物・複本あるいは同一資料の異版などの記載法の統一等を速やかに行えるよう設定する。

60

③　**典拠ファイル**　すでに標目として採用した個人名・団体名，件名など
の形式を統一するため，標目とそのよりどころとなった文献名や別名を
表示したもの。

ⅰ）著書名典拠ファイル　（実例集 36 a ）

ⅱ）件名典拠ファイル　（実例集 36 b ）

　国立国会図書館など書誌データ提供機関作成の典拠ファイルを活用す
ることが多い。

3.　目録の基本方針―コンピュータ目録を中心とする場合

　どのような形態の目録をもち，どのような種類の検索を実現するかは，その
図書館の方針によって決まる。この方針を目録政策とも呼ぶ。

3.1　アクセス・ポイントの決定

　コンピュータ目録は OPAC（Online Public Access Catalog）と呼ばれる。
主要なアクセス・ポイント（検索の手かかり）は，著者，タイトル，主題（件
名，分類），その他キーワード，自由語などマルチ・アクセスが可能の状態に
ある。さらに出版者，ISBN（International Standard Book Number：国際標
準図書番号），ISSN（International Standard Serial Number：国際標準逐次刊
行物番号）などの検索語も含む。必要なアクセス・ポイントについては図書館
業務パッケージ・ソフトで標準対応されることが多いが，それ以外に必要なも
のがあれば，コンピュータの処理能力や予算等を参考に決定する。

3.2　記録の作成

　入力作業を自館するケースと，外部システムを利用するケースがある。後
者においても，自館データに取り込むには多少の作業を要する。外部システム
はつぎのようないくつかのタイプに分かれる。

（1）MARC データの利用：国立国会図書館の JAPAN/MARC データや北ア
メリカの MARC21 データ（元 US/MARC）を購入して利用するのが代表
的な方法である。JAPAN/MARC は今日，オンラインで無償提供されて

いる。

　　また，図書館業務サービス会社のデータが Web で提供されている。（→
　　第Ⅶ章　2.　集中目録作業）

(2)　ネットワーク利用：データベース構築機関がオンラインでデータ提供
　　し，かつそのセンターに，利用機関のデータを集積する。アメリカの
　　OCLC（Online Computer Library Center），日本では国立情報学研究所
　　の NACSIS-CAT である。（→第Ⅶ章　3.　共同目録作業）

4.　目録規則

　目録は標準的な基準をもとに作成される必要がある。目録作成の基準につい
て規定した規則が目録規則である。目録自体は古くから作成されていた。しか
し目録作成の方式について規定し，公にされた規則は，1839 年の大英博物館
の目録規則が最初である。（パニッツィの 91 ケ条目録規則）。

4.1　基本記入方式の目録規則

　今日では一つの資料に対して複数のアクセス・ポイントを作成するのが一般
的であるが，19 世紀の末近くまでは一図書に対して一記入を作成する形が一
般的であった。それは目録の形態がまだカード目録ではなく，冊子目録であっ
たことも原因であったと思われる。西洋では著者（一人）を見出し（標目）と
した記入を作成していた。1876 年のカッター，C.A. の辞書体目録規則もそう
した記入作成のための目録規則であった。

　カッターのこの規則は第 2 版（1889 年）において，カード目録を対象とし
た目録規則となった。この規則ではカッターは，一資料に対して複数の記入―
共著者やタイトル―についての記入をも作成するように規定したのである。し
かし当時は印刷複製技術が未発達で，手書きで記入を作成していたから，何枚
もの詳細な記入を一資料に対して作成することは手間のかかることであった。
そこで詳細な記入は一資料に一枚だけ，著者を標目としたものを作成し，タイ
トルなどについては簡略な記入を作成する方法が採られた。簡略な記入だけで
は不満足な検索者は，著者を標目とする詳細な記入に改めてあたるものとし

た。こうした関係から詳細な記入を基本記入，簡略な記入を補助記入と呼ぶようになった。

基本記入 　　　　　　　　　　　　　　　補助記入（共著者の例）

810.1　　コウズ，ハルシゲ コ　　　高津春繁 　　　　古代文字の解読　高津春繁　関根正雄著 　　　　　東京　岩波書店　昭和39（1964） 　　　　　v. 302, 17p　地図　19cm 　　　　　1. セキネ，マサオ　2. コダイ モジ ノ カイドク	810.1　　セキネ，マサオ コ　　　高津春繁 　　　　古代文字の解読　高津春繁　関根正雄著 　　　　　昭和39

（『日本目録規則　1965年版』による）

複製技術の発達にともない，複製作成の時代となる。こうした一資料の複製によって作成されるカードのひとかたまりをユニット・カードと呼ぶ。これの原稿に基本記入を用いるのが基本記入方式で，この方式に基づく表示形が今日に至るまで西洋の目録規則に採用されている。たとえば『英米目録規則第2版』（Anglo-American Cataloguing Rules, 2nd edition, 1978：AACR2，同改訂版2002 revision：AACR2R2002），RDA（Resource Description and Access, 2010および以後の修正版）も基本記入方式を採用し，コンピュータ目録の出力形として今日に及んでいる。

　日本においてはタイトル目録を優先するという伝統もあったが，『日本目録規則』（Nippon Cataloging Rules：NCR）の初版［1942年版］は西洋の目録規則にならって著者記入を基本とする方式が採用された。この方式はNCRの1952年版を経て，1965年版まで続けられた。

4.2　非基本記入方式の目録規則

　基本記入方式においては，一人の著者を標目とするが，共著者や著者の不明な資料も存在する。こうしたケースにそなえて，目録規則は，基本記入の標目の選定に関する詳細な規定を設けてきた。この基本記入の標目の選定に関する規定は複雑化し，基本標目の決定に迷うことが少なくなかった。

　こうした問題点を解決すべく1950年代に「記述独立方式」が理論化・実行

に移された。標目と記述を分離する方式で，（基本）標目欄を空白として記述だけのユニット・カードを作成する。そして，複製したそれぞれのカードの標目欄に標目を記載して一つ一つの記入とする。基本記入方式を否定した記入方式であり，非基本記入方式とも呼ぶことができる。

NCRの策定者である日本図書館協会目録委員会は，準備検討を経て1970年，基本記入を作成しようとする場合にも対処できる形の非基本記入方式「標目未記載ユニット・カード方式」を案として提示した。そして1977年，まったくの非基本記入方式である「記述ユニット・カード方式」を目録記入様式とする，『日本目録規則　新版・予備版』が刊行された。

欧米でも，AACR2が別法としてこれを採用するなど，非基本記入方式への関心が高まった。NCRは以後も非基本記入方式を継続している。なお，NCR1987年版では目録方式名が「記述ユニット方式」（実例集1）へと変更された。コンピュータ目録にも通用する方式を意識した改称である。

4.3　目録ネットワーク時代の目録基準 （ISBD など）

現代のように書誌情報の国際的交換に対する需要が高まった時代には，目録規則の世界的標準化が必要となっている。

目録規則は，言語や慣習の違いなどに基づいて，国々の間で異なる形を見せることが多かった。しかし国際交流が盛んになると，書誌情報交換の必要性に対する認識が高まり，目録規則の国際的調整が徐々に進められた。1908年の『英米合同目録規則』はそうした目録規則の国際化の最初の例である。

国際的標準化への要望は，第二次世界大戦後いっそう強まった。1961年に，国際図書館連盟（International Federation of Library Associations and Institutions：IFLA）は，パリで国際目録原則会議（International Conference on Cataloguing Principles：ICCP）を開催し，標目の選定・形式に関する国際原則を決定した（パリ原則）。同連盟は，さらに1970年代を通じて，「国際標準書誌記述」（International Standard Bibliographic Description：ISBD）を，資料種別ごとにつぎつぎと作成した。

1970年ごろから，コンピュータの性能が高まり，普及が進んで図書館や書

誌情報の世界における利用も活発になる。アメリカ議会図書館を筆頭に，世界各国の中央図書館が，機械可読目録（MARC）を開発した。しかし各国のMARCの入出力様式は一様ではない。またMARCと図書館外の書誌記述の様式は一致していない。そこでIFLAは"UNISIST Reference Manual"というコンピュータ系の書誌記述基準を1977年に発表した。NCRやAACRにおいてもこうした状況を反映する形での改訂が検討された。

　そしてNCR1987年版が出された。これは書誌単位による作成を原則とする。1994年には同改訂版が出され，2001年には同改訂2版，2006年6月には同改訂3版が刊行された。それ以後も個別の章に関する改訂作業が日本図書館協会目録委員によって続けられた。

　1997年国際標準書誌記述のISBD（CF）はISBD（ER）に変更された。これに従いNCRは1987年版改訂2版となり第9章を"電子資料"とした。媒体（ファイル）に限られる面がある"CF"を出て電子雑誌なども扱う。"電子的資源"でなく「電子資料」とし「図書館資料」内にある点を明示した（『図書館雑誌』1999　p.936）。こうした資料を検索するためのデータ，二次情報が図書館目録以外の世界でも多出している。電子上の二次情報はメタデータ，つまり"データのデータ"で，目録はその一つである。だが旧来の図書館目録規則は電子的資源検索に十分対応していない。そこで世界最大の書誌ユーティリティOCLCは1995年オハイオ州ダブリンでインターネット情報資源の発見（resource discovery）を目的にメタデータの記述規則作りの会合を催した。同会議（博物館・美術館関係者も参加）の決定した記述項目枠が「ダブリン・コア」（Dublin Core）で，電子図書館関係者の関心，関与が強まった。SGML（Standard General Markup Language）で文書型定義を設定し，2001年にXML（eXtensible Markup Language）文書に編集された。

　これらをとり入れて，NCR1987年版改訂3版が2006年6月に刊行された。第3章（書写資料），第13章（逐次刊行物→継続資料）の新規定に，IFLAが提示したFRBRからの影響を受けている。

　1990年代に入ると国際図書館連盟（IFLA）は，目録規則に通底する根本的な目録原則の再検討に入った。1992年にIFLA書誌レコード機能要件研究グ

ループを立ち上げ，1997 年実体関連分析の手法を用いた「書誌レコードの機能要件」（Function Requirements for Bibliographic Records：FRBR）を策案。同連盟の目録部会常任委員会はこれを承認した。FRBR は目録規則そのものでなく，書誌レコードの機能要件を把握，確認するものである。これと並行して典拠データの検討も進められ，「典拠データの機能要件」（Function Requirements for Authority Data：FRAD）が発表された。これは 2009 年 3 月に IFLA 目録分科会，IFLA 分類・索引分科会両常任委員会で採択された。

FRBR の確定を受けて同専門家委員会（IMEICC）は，2003 年から国際目録規則に関する「国際目録原則覚書」（ICP）（Statement of International Cataloguing Principles）を検討し，2009 年に合意した。これによって，1961 年に採択された「パリ目録原則覚書」（ICCP）以来の国際目録原則が策定された。ISBDs は，IFLA が FRBR の概念モデルの取り込み作業を続ける。

今日，FRBR と ICP の確立による，新たな目録原則のもとで標準目録規則の制定が進んでいる。英米目録規則は，AACR2（the Anglo-American Cataloguing Rules 2nd ed.）の次期バージョンとして，AACR3 への改訂を模索していたが，検討のなかで FRBR の機能要件を全面的に採用する改訂方針に転じ，その改訂が「英米」や「目録規則」の域にとどまる次元のものでないことを判断し，名称を RDA（Resource Description and Access）とした。RDA は 2010 年 6 月に完成し，その後も改訂作業が進んでいる。

こうした動向のなか，日本目録規則（NCR）は新たな改訂に取り組んだ。JLA 目録委員会は NDL との連携のもとに NCR の全面改訂に進み，2018 年末 NCR2018 年版を公刊した。

その概容の紹介のため本書は「付　資料 9　日本目録規則 2018 年版　目次」を示した。また策定方針に関して同書「第 0 章　総説」から下記の点をここに摘出しておく。

・ICP 等の国際標準に準拠し FRBR 等の概念モデルを基盤に RDA との相互運用性を持つ

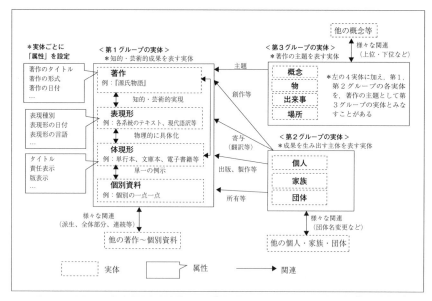

*実体ごとに「属性」を設定

<第1グループの実体>
*知的・芸術的成果を表す実体

著作のタイトル 著作の形式 著作の日付 …

著作
例：『源氏物語』

知的・芸術的実現

表現種別 表現形の日付 表現形の言語 …

表現形
例：各系統のテキスト、現代語訳等

物理的に具体化

タイトル 責任表示 版表示 …

体現形
例：単行本、文庫本、電子書籍等

単一の例示

個別資料
例：個別の一点一点

様々な関連
（派生、全体部分、連続等）

他の著作〜個別資料

主題

創作等

寄与
（翻訳等）

出版、製作等

所有等

他の概念等

様々な関連
（上位・下位など）

<第3グループの実体>
*著作の主題を表す実体

概念
物
出来事
場所

*左の4実体に加え、第1、第2グループの各実体を、著作の主題として第3グループの実体とみなすことがある

<第2グループの実体>
*成果を生み出す主体を表す実体

個人
家族
団体

様々な関連
（団体名変更など）

他の個人・家族・団体

| 実体 | 属性 | 関連 |

『日本目録規則2018年版』「図0.3 本規則が依拠する概念モデルの概要」より

・日本における出版状況等に留意し、NCR1987年版と目録慣行に配慮する

・論理的でわかりやすく、実務面で使いやすいものとすることに努めた

・Web環境に適合した提供方法をとる

　ただし論理的なわかりやすさ、実務面の使いやすさという配慮から、RDAとは異なった構成や内容とした箇所もある。例えば、RDAでは属性の記録を扱う章にアクセス・ポイントの構築に関する規定を含むが、NCR2018年版は属性の部を「属性の記録」と「アクセス・ポイントの構築」に分け、それぞれに総則と実体別に関する章を配置する構成とした。

　なお、NCR1987年版がその全改訂を通じて用いた書誌階層構造の考え方を維持した。書誌階層構造は、FRBRで規定する体現形における関連の一種（全体と部分）に相当する。体現形の記述を行う場合に推奨するレベルとして、基礎書誌レベルを設定し、形態的に独立した資料だけでなく、その構成部分も記述対象とできるようにした。

　なお同版は，自らの版に基づいた目録記入記載例（一般）を記載していない。ただ同版そのものに関する書誌記録（Cataloging In Publication：CIP）が同書の標題紙裏に記されている。もっともその記入方式は，NCR1987 年版 3 版のそれに拠った場合と酷似している。

日本目録規則　／　日本図書館協会目録委員会編．　−　2018 年版

東京　：　日本図書館協会，2018．−　xi，761p　；　27 cm

ISBN 978-4-8204-1814-6

キャリア種別：冊子

表現種別：テキスト

言語：日本語

優先タイトル：日本目録規則｜｜ニホン　モクロク　キソク

創作者：日本図書館協会．目録委員会｜｜ニホン　トショカン　キョウカイ．モクロク　イインカイ

BSH4：資料目録法

NDC10：014.32

『日本目録規則 2018 年版』標題紙裏に記載の目録データより（※大きさを追加）

　NCR2018 年版に対応した書誌レコードは，国立国会図書館等によって 2021 年からの実施が検討されている。

第Ⅳ章　著者，タイトルからの検索　2
―記 入 の 作 成―

　記入の作成について，NCR1987年版改訂3版によって説明する。

　目録は記入によって構成される。記入は個々の資料についてその書誌的事項（タイトル，著者名，出版者などの外観的な要点），その他を記録したもので，カード目録では一枚一枚のカードがこれにあたる。

〈記入の構成要素〉

① 標目

② 記述～書誌的事項～

③ 標目指示（トレーシング）

④ 所在記号

⑤ 資料受入番号

⑥ その他

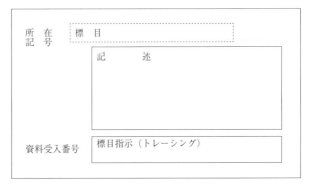

1　標目

　　記入の見出語。欧米では代表著者の1人を記す方法が続いている。今日では「見出語」という意味よりも検索語と意識する度合いが強い。

　　コンピューター目録，RDAなどでは，アクセス・ポイントという。

2　記述

2.1　記述事項

　　記入の本体をなす部分を記述という。具体的には他の資料や別の版と識別するのに充分な，タイトル，著者名，版，出版に関する事項，ページ数，大きさなどの書誌事項がこれにあたる。

- ・　標目指示（トレーシング）

  記入の下部に記載する，標目の記録。
- ・　所在記号

  資料の所在を示す記号。分類記号と図書記号などからなることが多い。
- ・　資料受入番号

  資料一点ごとに与えられる会計上の番号で資料の登録番号である。個別化の記号として記入に記載することが多い。
- ・　その他

  図書館によっては購入年月日なども記載することがある。

A　記述の作成

　記述は，記述とその他の事項によって構成される。NCR1987年版改訂3版の規定の条項番号を丸がっこ内に § を付して記した。

〈NCR1987年版改訂3版の規則構造〉

　序説　1. 総則　2. 記述　3. 標目　4. 排列　付録　索引

　和書　例

```
なぜヒトラーを阻止できなかったか　：　社会民主党の政治
行動とイデオロギー　／　E. マティアス著　：　安世舟, 山田徹訳
東京　：　岩波書店, 1984
357, 7p　；　19 cm.　—　（岩波現代叢書　；　99）
ISBN4-00-004768-X


t1. ナゼ　ヒトラー　オ　ソシ　デキナカッタカ　t2. イワナミゲンダイ
ソウショ　99　a1. マティアス, エリッヒ　a2. ヤス, セイシュウ
a3. ヤマダ, トオル　s1. ドイツ―政治・行政　s2. ドイツ社会民主党
① 234.072
```

B　記述（§1）

この規定（§1）は全メディアの記述に共通する基本的な規定として位置づけされる。各メディアについては別（§2-§13）に規定しているが，ここではつぎのような組み合わせに編成してまとめた。

図書，継続資料（逐次刊行物，更新資料）の記述について修得することは必須のことである。まず図書の記述について述べる。

＜1＞　図書の記述

0.　通則（§1.0，§2.0）

0.1　記述の範囲（§1.0.1，§2.0.1）

各資料の識別に必要な程度の書誌的事項を記録する。ただし記述に精粗の3水準を設けている。0.4参照。

0.2　記述の対象とその情報源（§1.0.2，§2.0.2）

0.2.0　記述の対象とその書誌レベル

すべてのメディアの資料を対象とし，和資料，洋資料のいずれも対象としている。ただし洋資料は通常 AACR2R2002 による。

0.2.1　単行資料を記述の対象とするときは，単行単位を記述の本体とする書誌的記録を作成する（単行書誌レベル）。その記録は，単行単位，集合単位または継続刊行単位，構成単位の順とする。集合単位はシリーズに関する事項，構成単位は内容細目として記録する。

0.2.2　記述の情報源（§1.0.3.1，§2.0.3.1）

図書における主たる情報源はつぎのとおりである（点字本，地図帳，楽譜等のうちの図書形態のものを含む。ただし逐次刊行形態のものを除く）。

標題紙（標題紙裏を含む），奥付，背，表紙。和古書，漢籍は記述対象となる本体全体が情報源となる。（§2.0.3.1C）

複製本は原本でなく，新しい標題紙などを情報源とする。

0.3　記録すべき書誌的事項とその記録順序および情報源（§1.0.4，§2.0.4）

下記の書誌的事項を，以下の順序で記録する。カード形式で表示する場合は，通常，下記で＊印を付した項目ごとに改行する。

ただし洋資料は本書では AACR2R2002 に準拠することとするので，これと

は異なる改行方法となる。もっとも和資料，洋資料ともまったく改行なし・追い込みで記述する方法を採ることができる。(§1.0.3，§2.0.3.2)

　　ア）タイトルと責任表示に関する事項 ― 標題紙，奥付，背，表紙
　　イ）版に関する事項 ― 同上
＊ウ）出版・頒布等に関する事項 ― 同上
＊エ）形態に関する事項 ― その記述対象から
　　オ）シリーズに関する事項 ― 同上
＊カ）注記に関する事項（＊注記の種類ごとに改行）― 何によってもよい
＊キ）標準番号，入手条件（任意事項）に関する事項 ― 同上

0.4　記述の精粗と ISBD 区切り記号法（§1.0.5，§1.0.6.7，§2.0.5）

　ISBD に定める区切り記号法を用いて記録する。記述精粗の水準として第2水準を採用する。

　なお，⌴という記号は，字あけを指示したもので，実際の記入では表示しない。なお NCR2018 年版はこの区切り記号の義務づけを解除した。

　第2水準（標準。改行を用いる方法。）

　　本タイトル⌴[資料種別]⌴：⌴タイトル関連情報⌴／⌴責任表示.⌴―⌴
　　版表示⌴／⌴特定の版にのみ関係する責任表示
　　資料（または刊行方式）の特性に関する事項
　　出版地または頒布地等⌴：⌴出版者または頒布者等，⌴出版年または頒布年等
　　特定資料種別と資料の数量⌴：⌴その他の形態的細目⌴；⌴大きさ⌴＋⌴
　　付属資料.⌴―⌴（本シリーズ名⌴／⌴シリーズに関係する責任表示，⌴シリーズの ISSN⌴；⌴シリーズ番号.⌴下位シリーズの書誌的事項）
　　注記
　　標準番号

〈ISBD 区切り記号法以外の句読法・記号法〉

　NCR1987 年版改訂3版の §1.0.6.7B と付録1の「句読法・記号法」では記号別に示されておりわかりにくい。一方各エリアにおける区切り記号の規定

は ISBD のそれだけであり，それ以外の記号法が把握しにくい。NCR2018 年版からはこの記号の使用義務づけが外れた。

0.5　記録の方法（§1.0.6，§2.0.6）

0.5.1　転記の原則（§1.0.6.1，§2.0.6.1）

　　つぎの事項は原則として記述対象資料に表示されているとおりに記録する。

　ア）タイトルと責任表示に関する事項

　イ）版に関する事項

　ウ）出版・頒布等に関する事項

　エ）シリーズに関する事項

0.5.2　文字・言語（§1.0.6.2，§2.0.6.2）

　　原則として対象資料の言語で記録する。形態や注記に関する事項は日本語で記録する。

0.5.3　文字の転記（§1.0.6.3，§2.0.6.3）

　　情報源のとおりに転記することを原則とする。文字の大小は再現せずすべて同一の大きさで記録する。所定の情報源以外から記録した語句は角がっこ（[　]）に入れる。（補記）

　ア）漢字，かな

　　　楷書以外の漢字は楷書体に改める。漢字は，原則として所定の情報源に使用されている字体で記録する。（別法として常用漢字を使用することができる。）

　　　変体がなはひらがなに改める。

　イ）外国の文字

　　　原則としてそのまま記録するが，大文字の使用法については当該言語の慣行に従う。

0.5.4　数字（§1.0.6.4，§2.0.6.4）

　　固有名詞，タイトルの数字はそのまま記録する。数量，順序関係の数字はアラビア数字に改める。ただし2種類以上の数字を書き分ける場合は，そのままの数字を併用してよい。（実例集 11）

0.5.5　記号等（§1.0.6.5，§2.0.6.5）

　　記号等は原則としてそのまま記録する。ただし書誌要素を全面的につつむ記号は省略する。

　　再現不能の場合は説明的な語句に置き換え角がっこに入れる。

0.5.6　誤記，誤植，脱字（§1.0.6.6，§2.0.6.6）

　　誤記を訂正して記録する。訂正して記録したときは元の表示に関して必ず注記する。脱字は角がっこに入れて補記する。

0.5.7　区切り記号法（§1.0.6.7）

　　ISBD区切り記号の使用法は上記0.4参照。

　　ISBD区切り記号の前後にスペースを置く。

　　ただし，改行した場合は，行頭にスペースを置かない。

　　ISBD区切り記号法以外として用いる場合のすべての記号は，本来のその記号の表示法に従う。

　　「スペース」はいわゆる「字あけ」であり，区切り記号やそれ以外として使用される記号において一定の意味あいをもっているが，単語，文節等の切れ目を示すためにも用いられる。ISBD区切り記号法に基づく字あけ以外の字あけは，情報源の表示に従うものとする。

1.　タイトルと責任表示に関する事項（§1.1，§2.1）

1.0　通則（§1.1.0，§2.1.0）

1.0.1　この関係の書誌的事項と記録順序（§1.1.0.1，§2.1.0.1）

　　記録すべき書誌的事項とその記録順序はつぎのとおりである。

　　ア）本タイトル（§1.1.1，§2.1.1）

　　イ）資料種別（§1.1.2）。図書の場合は記載しない（§2.1.2）。

　　ウ）並列タイトル（§1.1.3，§2.1.3）

　　エ）タイトル関連情報（§1.1.4，§2.1.4）

　　オ）責任表示（§1.1.5，§2.1.5）

1.0.2　区切り記号法（§1.1.0.2）

　　本タイトル␣［資料種別］␣＝␣並列タイトル␣：␣タイトル関連情報␣／責任表示

1.1 **本タイトル**（§1.1.1，§2.1.1）

タイトルのうち記述の本体としたレベルの書誌単位のタイトルで，原則は単行書誌単位のタイトル。

単行書誌単位のタイトルとは単行資料の物的に独立した最下位書誌階層のタイトルである。部編（名）およびそれに類するもの，巻次，年月次，辞書・書誌類の収載表示等の付随的な表示は，タイトルとみなさない。資料が複数のタイトルをもつ場合，そのうちのどのタイトルが単行書誌単位のタイトルであるか判断することがむずかしい場合がある。

(1) 本タイトルとするもののなかには，つぎに示すようなものが含まれる。

　ア）総称的な語，イニシアル，著作者名のみのもの。

　　　詩集　／　中村真一郎著

　　　夏目漱石　／　夏目漱石著

　イ）識別上必要，不可分な数や文字。（例：地図の縮尺表示など）

　　　5万分の1地形図における栃木県の地名索引　／　稲川彰一［ほか］編

　ウ）別個に刊行された部編や付録などのタイトル名で，本体をなす共通タイトル名と部編や付録などの従属タイトル名からなるもの。

　　　日本の陶磁．古代中世編

(2) 和古書，漢籍については，書誌的巻数を本タイトルとしてその末尾にスペースに続けてアラビア数字で記録する。（§2.1.1.1A参照）

(3) タイトルと言語

　本文が日本語で外国語のタイトルしか表示のない場合，そのタイトルを本タイトルとし，「本文は日本語」と注記する。（7.3.1(2)参照）

(4) タイトルの上部または前方に表示される事項（タイトル先行事項）。（実例集5，11）

　①本タイトルの一部とみなされるもの（著作の構成や形式，特色）は本タイトルに含める。

　　　図説 図書館のすべて　→　図説図書館のすべて

　②①以外は，該当書誌的事項のエリアに記録する。

　　　改訂　情報管理　牛島悦子　田中功共著

　　　　　情報管理　／　牛島悦子, 田中功共著. ― 改訂

(5)　タイトルが情報源によっては異なる表示形を採っている場合（上記(3)または(4)にあたるものはそれによって決定した後），共通するものがあればそれを記録し，共通のものがなければ標題紙，奥付，背，表紙の順に情報源として優先する。この場合注記を要する。（実例集 7）

　　　　　哲学 NEW 門　／　串田孫一著

　　　　　…　：　…, …

　　　　　…p　；　…cm

　　　　　タイトルは奥付と背による

　　　　　標題紙には「哲学入門」とあり

(6)　既存の資料の別編，続編，補遺，索引として，刊行された資料のタイトルが正編または本編のタイトルと異なるときは，別編のタイトルを本タイトルとして記録し，正編または本編のタイトルを注記する。（7.3.1 (4)）

(7)　別タイトルは本タイトルの一部として記録する。

　　　　　ジュリエット物語, あるいは, 悪徳の栄え　／　マルキ・ド・サド著　：　渋沢龍彦訳

　　　　ただしタイトル関連情報（サブタイトル）として扱ってもよい。

　　　　　ジュリエット物語　：　悪徳の栄え　／　マルキ・ド・サド著　；　渋沢龍彦訳

1.1.1　本タイトルの記録（§1.1.1.2, §2.1.1.2）

　　当該資料の所定の情報源に表示されているままに記録することを原則とする。本タイトルが 2 行書きの場合は一連書きに，小さい文字で表されているものも，同じ大きさの文字で記録する。

(1)　ルビはそれが付されている語の直後に丸がっこで付記する。（実例集 3）

　　　　　私だけの北極点　／　和泉雅子著　→　私（マコ）だけの北極点　／　和泉雅子著

(2)　記述対象資料中のどこにもタイトルの表示のない場合は，信頼度の高い参考資料によってタイトルを付ける。適当な参考資料が得られないときは，その目録作成機関においてタイトルを補記する。

(3)　資料全体に対するタイトルがない場合は，列挙して表示されている構成タイトルすべてを，それぞれの責任表示を伴って本タイトルとする。

　　　播州平野　:　風知草　/　宮本百合子著

　　　今物語　/　藤原信実［著］．隆房集　/　藤原隆房［著］．東斎随筆　/

　　　一条兼良［編］

1.2　資料種別 （§1.1.2，§2.1.2）

「［　］」（角がっこ）に入れて，タイトルのあとに記録する。ただし図書の場合は記載しない。

1.3　並列タイトル （§1.1.3，§2.1.3）

情報源上に，本タイトルを別の言語（文字）で並記・表示したもの。翻訳書の原書名の場合等がある。

本タイトルのあとに，「＝」の区切り記号を置いて記録する。

　　　ヴァイオリン協奏曲　＝　Violin　concerto

第2水準では記録しない。必要に応じて注記する。

1.4　タイトル関連情報 （§1.1.4，§2.1.4）

本タイトルに関連した情報。（実例集 13）

1.4.1　タイトル関連情報とするものの範囲 （§1.1.4.1，§2.1.4.2）

本タイトルを限定する語句，サブタイトル等。

1.4.2　記録の方法 （§1.1.4.2，§2.1.4.2）

それのかかわる本タイトル，並列タイトルのあとに，「：」を置いて記録する。

(1)　複数のタイトル関連情報があるとき，情報源上の表示の順に従う。

(2)　総合の本タイトルがない場合，タイトル関連情報は本タイトルを組成する構成タイトルのうちの最後のもののあとに記録する。

　　　基本件名標目表　:　分類体系順標目表・階層順標目表　/　日本図書館協会件
　　名標目委員会編．—　第4版．〔第1刷〕

1.5　責任表示 （§1.1.5，§2.1.5）（実例集 15）

資料の内容の創造，具現に責任をもつ著者等，個人，団体についての表示。

1.5.1　責任表示とするものの範囲 （§1.1.5.1，§2.1.5.1）

(1)　主たる情報源（標題紙，奥付，背，表紙）に表示された著者ほか編さん者，翻案者，改作者，作曲者，編者，訳者等の関与者が記録の対象とな

る。

監修者，監訳者，校閲者，解説者，序文執筆者，スポンサー，著作権者等副次的な関与者もこの対象となるが，これらについては注記エリアに移して記録してもよい。（§2.1.5.1別法）

(2)　タイトルとして，あるいはタイトル中に不可分な形で著者名等が示されていても，その著者名等が，これとは別に責任表示として表示されている場合は，省略せず，そのままに記録する。（§1.1.5.1A，§2.1.5.1A）

(3)　記述対象資料になく，他の情報源から得た責任表示は注記する。（§1.1.5.1B，§2.1.5.1B）

(4)　2以上の個人や団体が表示されている場合は，つぎのようにする。（§2.1.5.1D）

ア）同一の役割を果たしているときは，一つの責任表示としてコンマ「，」で継いで記録する。

イ）異なった役割のものは，別個の責任表示として，セミコロン「；」で区切って記録する。

E. J. ヒュイット，T. A. スミス共著　；　鈴木米三，高橋英一共訳

(5)　同一の役割を果たしている著者等はその数が2までのときはそのまま記録する。

3以上のときは，主なものまたは最初のものだけを記録し，［ほか］と補記して他は省略する。（§1.1.5.1D，§2.1.5.1E）（実例集6，14）

社会史的思想史　／　三木清［ほか］著

1.5.2　記録の方法（§1.1.5.2，§2.1.5.2）（実例集12）

本タイトル（並列タイトルがあればそれに，サブタイトルがあればそれ）に続けて，情報源上の表示に従って，著作への関与のしかたを示す語（著，共著，作，文，画，撮影，作曲，編等）をできるだけ簡明な形で付して記録する。（実例集3，9，10）

著者　西田幾多郎　→　西田幾多郎著

乗物万歳　／　阿川弘之，北杜夫対談

生きる意味を問う　／　三島由紀夫著　；　小川和佑編・解説

(1) 主たる情報源における表示のうちから最適の表示を選び記録する。

　ア) 責任関係自体の表示が相違することがある（選ばなかったものを注記）。

　イ) 表示形が相違することがある。

　　たとえば標題紙に原綴で表示され，奥付に片かなで表示されている場合は，片かな形で記録する。

　ウ) 表示形がすべての情報源で原綴のある場合は，原綴で記録する。（実例集5）

(2) 主たる情報源において責任表示が2以上ある場合の記録順序は，原則として規定の情報源における表示の順序とする。もし一つの情報源だけでは完全な形とならない場合は，他の情報源の表示から補って完全な形とする。この場合の記録の順序は，その著作の成立過程から見て一定の順序があればその順による。著者，編者，訳者，編訳者，校訂者等の順である。

(3) 主たる情報源に表示のない責任表示を補記した場合（1.5.1(3)参照）は角がっこに入れる。著者等の表示に，著作への関与のしかたを示す語句がなく，タイトルとの関連を明示する必要のある場合は，これを補記する。

(4) 識別上特に必要のない場合，つぎのようなものは責任表示から省略する。

　ア) 人名の場合の省略：学位，役職名等の肩書，所属団体名やそのイニシアル，漢籍における郷貫，号，字，和古書の場合の居住地など

　　湯川秀樹博士著　→　湯川秀樹著

　イ) 団体名の場合の省略：団体名の冒頭の法人組織名等

(5) 総合タイトルがなく，収録されている各作品等に共通の責任表示があるときは，すべての著作のタイトルのあとに責任表示を記録する。

　　にごりえ　：　たけくらべ　／　樋口一葉著

(6) 収録されている著作ごとに異なる著者表示があるときは，各著作のタイトルのあとにそれぞれの著者表示を記録する。

　　今物語　／　藤原信実［著］．　隆房集　／　藤原隆房［著］．
　　東斎随筆　／　一条兼良［編］

2.　版に関する事項（版表示）（§1.2，§2.2）

同一の原版を用いて同一出版者によって刊行された刷りの全体である。

書誌的事項と区切り記号法は，つぎのとおり。

.␣—␣版表示␣/␣特定の版にのみ関係する責任表示

2.1　版表示（§1.2.1，§2.2.1）

版表示は原則として情報源に表示されたとおりに記録する。特殊な版もこのエリアに記録する。（実例集 10）

初版　2版　第3版　　改訂版　　新訂4版　　机上版　　縮刷版　　新装版

初版に関しても上記同様情報源に表示されているとおりに記録する。（記録しないとする別法もある。）情報源に版の表示がない場合は，記載しない。

図書館六法　　/　　全国学校図書館協議会編．—　第1版

版と表示されていても実際は巻次，回次，年次等に相当する場合は，別の書誌事項として扱う。

2.2　特定の版にのみ関係する責任表示（§1.2.2，§2.2.2）

本タイトルの責任表示と差異がある場合，その版に関与した者を記録する。

やさしい法学通論　　/　　穂積重遠著．—　新版　　/　　中川善之助補訂

2.3　付加的版表示（§1.2.3，§2.2.3）

主体の版表示に加えて表示された版表示。主たる版表示または特定の版にのみ関係する責任表示に続けて「，」（コンマ）で継いで記録する。

漢字入門　　/　　杉本つとむ編著．—　改訂増補版, 新装版

3.　資料（または刊行方式）の特性に関する事項（§1.3，§2.3）

図書に関しては記録しない。

4.　出版・頒布等に関する事項（§1.4，§2.4）

出版物としての成立状況等を示す，出版地，出版者，出版年等。

複製本の場合は記述対象資料の出版・頒布等に関する事項を記録するとともに，原本の出版・頒布等に関する事項を注記として記録する。

4.1　出版地，頒布地等（§1.4.1，§2.4.1）

4.1.1　出版地，頒布地とするものの範囲（§1.4.1.1，§2.4.1.1）

下記4.2によって出版者または頒布者（図書の場合は発売者）として記録

されるものの所在地名（市町村名）。1出版者等に2以上の出版地等がある場合は，顕著なもの，最初のものの順で一つを記録する。

4.1.2　記録の方法（§1.4.1.2，§2.4.1.2）

出版者等が所在する市町村名を記録する（市名の「市」は省略。東京都特別区は「東京」とする）。識別上必要があるときは，都道府県名，州名，国名等を付記または補記する（実例集8）。

> 東京　：　岩波書店，2006
>
> 府中（東京都）…情報源に「東京都」の表示がある場合
>
> 府中［広島県］…情報源に「広島県」の表示がない場合
>
> 仁川（韓国）
>
> 洛陽［京都］

出版地等がその資料に表示されていないときは，調査もしくは妥当な推定による出版地等を角がっこに入れて記録する。推定も不可能のときは「［出版地不明］」と記録する。

4.2　出版者，頒布者等（§1.4.2，§2.4.2）（実例集17）

4.2.1　出版者，頒布者等とするものの範囲（§1.4.2.1，§2.4.2.1）

対象資料の出版，頒布（図書の場合は発売），公開，発行等について責任がある個人もしくは団体の名称，あるいはそれが識別できる表示（以下出版者等という）。出版関係の機能と著作あるいは物としての制作の機能が混在していることがあるが，出版関係の機能にあたるもの，あるいはそれに代わるものをこのエリアに記録する。

(1)　2以上の出版者等が表示されている場合は，顕著なものを記録する。顕著なものがない場合は最初に表示されているものを記録する。ただし和古書の場合は，奥付に表示されている最後の出版者か見返しに表示されている最初の出版者を記録する。

(2)　出版者と頒布者の双方の表示があるときは，頒布者は原則として記録しない。ただし任意規定として，発売者を出版者に続けて記録することができる。その場合，役割を示す語句を付記または補記する。（実例集14）

> 東京　：　日外アソシエーツ　；　紀伊國屋書店（発売）

4.2.2　記録の方法（§1.4.2.2, §2.4.2.2）

　　資料に表示されている名称を出版地等について記録する。出版者等の前後に付されている法人組織を示す語は記録しない。ただし，出版者名と不可分に結び付いている場合はこの省略は行わない。なお情報源の一部において簡略な表示が用いられているときは，その簡略な形を採用する。（実例集 10）

　　　　東京　：　岩波書店, 2006　（東京　株式会社岩波書店）

　　　　東京　：　第一法規, 2002　（本書標題紙に簡略形で表示されている等の例）

　　私家版は個人名を記録する。（実例集 18）

　　　　宗像　：　［木村秀明］, 1998

(1)　和古書の出版者は個人名のみの場合はそれを記録し，屋号のあるものは屋号に続けて名を記録する。

　　　　皇都［京都］　：　伊勢屋正三郎, 正徳 4　（奥付は伊勢屋額田正三郎）

(2)　出版者が対象資料に表示されていない場合

　　ア）頒布者（発売者）があれば「（発売）」等の付記をして記録する。

　　　　東京　：　紀伊國屋書店（発売）, 2005

　　イ）頒布者の表示のない場合は制作者，印刷者を記録する。

　　　　神戸　：　福田印刷所（印刷）, 1986

　　ウ）それらが不明の場合は「［出版者不明］」と記録する。

4.3　出版年，頒布年等（§1.4.3, §2.4.3）

4.3.1　出版年，頒布年等とするものの範囲（§1.4.3.1, §2.4.3.1）

　　対象資料の出版，頒布等の年または日付。その資料の属する版が最初に刊行された年をもってその年とする。（実例集 1）

　　　　東京　：　第一法規, 2002

4.3.2　記録の方法（§1.4.3.2, §2.4.3.2）（実例集 11）

(1)　原則

　　西暦紀年で記録する。「年」の文字は付さない。

　　　　丸善　平成 17 年刊　→　東京　：　丸善, 2005

　　　　大日本講談会　紀元 2600 年　→　東京　：　大日本講談会, 1940

(2)　別法

和古書，漢籍等では表示されている年を記録することができる。

　　　皇都［京都］　：　伊勢屋正三郎，正徳4

(3)　出版者が2年以上にわたるものに関する処置

　完結しているものについては，最初の出版年と最後の出版年を「-」（ハイフン）でつないで記録する。

　　　2001-2006

　未完の場合は初号または最初の出版年のみを記し，その年の後に「-」（ハイフン）を付す。

　　　2002-

(4)　対象資料に出版年の表示がない場合

　ア）対象資料に，出版年に代替しうる年代，日付等がある場合。

　　対象資料上に表示されているつぎの情報を，下記に列挙の優先順位で代替情報として記録する。

①頒布年が表示されているときは，頒布年を記録する。

②著作権表示年（著作権年）が表示されているとき，著作権，copyrightを表す「c」を冠してその年を記録する。

　　　c2005

　なお，出版年が明らかな場合でも，著作権表示年と出版年が異なるときは，著作権表示を出版年に続けて記載してもよい。（任意規程）

　　　2005，c2004

③印刷年。「印刷」の文字を付加する。

　　　2003 印刷

④序，跋，あとがき等。「序」，「跋」，「あとがき」等の文字を付加する。

　　　［2000 序］

　　　［天保6（1835）跋］

　　　［2001 あとがき］

　イ）上記の情報がない場合

　　本文等により出版年代を推定し，角がっこに入れて記録する。（実例集8）

[1955]

[192-]

[18--]

　　出版年については不明であっても可能な限り推定して記録し，「出版年不明」と表示することは避ける（和古書，漢籍を除く）。

4.4　製作に関する事項（§1.4.4，§2.4.4）

　製作，印刷等にかかわる個人・団体とその所在地，関係年紀等については原則として記録しない。しかし出版に関する事項の表示に欠けるものがある場合は，代替情報として記録する。

　　　東京　：　鹿島出版会（製作），2001

　　　東京　：　小葉政吉（印刷），1963

5.　形態に関する事項（§1.5，§2.5）

　数量，挿図，大きさ，付属資料等。

5.0　通則（§1.5.0，§2.5.0）

5.0.1　書誌的事項と区切り記号法

　　　資料の数量␣；␣挿図，肖像，地図␣；␣大きさ␣＋␣付属資料

5.1　特定資料種別と資料の数量（§1.5.1，§2.5.1）

⑴　特定資料種別は，図書では記録しない。

⑵　ページ数等，数量に関すること

　　ページ付けの最終数等をアラビア数字で表し「p」,「丁」,「枚」,「欄」等を付して記録する。区別のために用いられているローマ数字はそのまま使用してもよい。なお2種以上に分かれたページ付け等は，「,」（コンマ）で区切って記録する。ページ付けのない部分は数えて，「[　]」（角がっこ）に入れて記録する。

　　複数冊数の場合，ページ付けが複雑な場合，ページ付けがない場合は冊数を，「冊」の文字を付して記録する。（実例集13，14）

　　　　3冊　：　19cm

　　加除式の図書は（ページ付けがある場合にも）「○冊（加除式）」と記録する。（実例集19）

　　　1 冊（加除式）　：　21cm

　包括的な一連のページ付けの途中から始まっているものの場合は，最初の
ページ数と最後のページ数をハイフンで結んで記録する。この場合「p」は
数字の前に記す。

　　　p125-213

(3)　本文の一連のページ付けに入っていない図版は，つぎのように記録す
　る。

　　　92p，　図版 32p

5.2　挿図，肖像，地図等（§2.5.2）

挿図，肖像，地図等は必要に応じて，つぎのように記録する。

　　　166p　：　挿図（11図），肖像（3図），地図（6図）　：　23cm

5.3　大きさ等（§1.5.3，§2.5.3）

①資料の外形の高さをセンチメートル（cm）の単位で，端数を切り上げて記
　録。10cm 未満の場合はセンチメートルの単位で小数点 1 桁まで記録する。

　　　153p　：　23cm

②2 点以上の部分からなる大きさの異なる資料は最小の物と最大のものをハ
　イフンで結んで記録する。ただし大部分の大きさが同じで，一部のみが異
　なるときは，大部分の大きさを記録する。

　　　2 冊　：　16-18cm

＜図書の場合に特有なこと＞

①表紙の高さを記録する。

②縦長本（縦が横の 2 倍以上の本），升形本（縦と横の長さがほぼ同じ本），
　横長本（横が縦の長さ以上の本）など変形本の場合は，縦，横の長さを
　「×」印で結んで記録する。（実例集 8，12，21）

　　　　15 × 25cm

　　　　15 × 17cm

③巻物は紙の部分の高さを記録する。

④畳ものは広げた形の縦，横の長さを「×」印で結んで記録し，畳んだ形の
　大きさを下記のように記録する。

48×30cm（折りたたみ 24×15cm）

5.4　付属資料（§1.5.4，§2.5.4）

①ある資料と同時に刊行され，同時に利用するようになっている付属的な資料。複合媒体資料の別個の部分も含む。（実例集 23）

②親である資料の形態事項の後に「＋」（プラス記号）を付して記録する。

21cm　＋　別冊（64p　：　21cm）

28cm　＋　録音ディスク 5 枚

6．シリーズに関する事項（§1.6，§2.6）

記述の本体である書誌単位の上位の書誌的事項。複数の階層にわたって存在することがある。また水平に複数のシリーズが存在することがある。前者については同一の丸がっこ，後者については別個の丸がっこに入れて記録する。書誌的事項と区切り記号法は，つぎのとおり。

・␣—␣（本シリーズ名␣／␣シリーズに関係する責任表示，␣シリーズの ISSN ␣；␣シリーズ番号.␣下位シリーズの書誌的事項）

6.1　本シリーズ名（シリーズの本タイトル）（§1.6.1，§2.6.1）

所定の情報源に表示された，本体の書誌単位に対する上位書誌階層にあたるタイトル。

（日本図書館学講座　／　椎名六郎［ほか］編　：　第 5 巻）

6.1.1　その資料に表示された形で丸がっこに入れて記録する。（§2.6.1.2）

6.1.2　記述対象資料が対等の 2 以上のシリーズに属している場合

それぞれのシリーズに関する事項を別の丸がっこに入れて記録。（§2.6.0.3）その前後関係は，情報源上の表示の順序等に従って決定する。（§1.6.0.3）

（現代俳句選集　：　21）（河叢書　：　31）

6.2　並列シリーズ名（シリーズの並列タイトル）（§1.6.2，§2.6.2）

シリーズの本タイトルの別の言語および（または）別の文字によるタイトル。シリーズの本タイトルに続いて記録する。

（税法学　＝　Steuerrechtswissenschaft，ISSN 0494-8262　：　349）

6.3　シリーズ（名）関連情報（§1.6.3，§2.6.3）

（ホームライブラリー　：　親と教師のための）

6.4　シリーズに関係する責任表示（§1.6.4，§2.6.4）

総称的なシリーズの場合や，識別上特に必要な場合に記録する。

（新・図書館学シリーズ　／　前島重方，高山正也監修）

ただし注記する形を原則としてもよい。（§2.6.4.2別法）

6.5　シリーズのISSN：国際標準逐次刊行物番号（§1.6.5，§2.6.5）

（本章B＜1＞8.1，B＜2＞8.1参照）

当該規格の方法で記録する。

6.6　シリーズ番号：巻次など（§1.6.6，§2.6.6）（実例集9）

6.6.1　数字は原則としてアラビア数字とし，「第」，「巻」等の語は省略しない。

ピクチャーバイブル第3巻　→　（ピクチャーバイブル　：　第3巻）

6.6.2　2以上の巻号が連続しているときは最初と最後の巻号をハイフンで結んで記録する。連続していないときは列記するか，「○○○［ほか］」とする。

6.7　下位シリーズの書誌的事項（§1.6.7，§2.6.7）

本シリーズ名より下位の書誌的事項。（実例集6）

6.7.1　記録の方法

本シリーズ（またはシリーズ番号）のあとにピリオドを打って記録する。

（教育社新書．産業界シリーズ　；　436）（実例集24）

6.7.2　記録の順序

下位シリーズが複数の階層にわたる場合は，上位の階層に関する事項から順に記録する。

7.　注記に関する事項（§1.7，§2.7）（実例集16）

ア）改行する場合（通常の方法で）は区切り記号を用いない。

イ）注記事項の導入語を用いる場合は，導入語：＿注記事項

なお，内容注記や引用事項中で補記する場合のみ角がっこを用いる。

7.1　注記とするものの範囲（§1.7.1.1，§2.7.1.1）

主たる記述を補う記録。記述を充実させる補助的な書誌的事項。当該対象資料上の表示の有無に関係なく，必要に応じて自由な形で記録できる。

一般（定型注記と非定型注記に分かれる）と内容細目の二つがある。

7.2　記録の方法（§1.7.2, §2.7.2）

7.2.1　内容細目は注記の最後の位置に記録する。

　　特定の書誌的事項に関する注記はその書誌的事項の本体における記録順位（タイトル，責任表示，版表示…の順）に従う。（§2.7.2）

7.2.2　一般の注記はつぎの順序で記録する。

　ア）誤記，誤植に関する注記（§2.7.3.0ア）

　イ）著作の様式および言語に関する注記（§2.7.3.0イ）

　ウ）その他記述全般に関する注記（§2.7.3.0ウ）

7.2.3　同一事項関係の事柄は一括して注記できる（§1.7.2.1, §2.7.2.1）

　　「女人哀歌」（河出書房新社　1963年刊）の改題

7.3　各書誌的事項に関する注記（§2.7.3）

7.3.1　タイトルに関する注記（§2.7.3.1）

　(1)　タイトルの情報源

　　　情報源によってタイトルの表示が異なるときは，記録したタイトルの情報源と記録しなかった他のタイトルおよびその情報源を注記する。

　　　ただしその情報源が標題紙の場合はこの注記の対象としない。

　(2)　本文が日本語であるが，外国語のタイトルを本タイトルとしたとき「本文は日本語」と注記する。（1.1(3)イ，1.3.1(1)参照）

　(3)　並列タイトルとして記録しなかった原タイトル等。（1.3.1(3)参照）

　(4)　別編である続編，補遺，索引の正編，本編等のタイトル。

　　　基本件名標目表　／　日本図書館協会件名標目委員会編.　—　第4版の別冊

　(5)　責任表示に関する注記事項（§2.7.3.2）

　　ア）情報源によって著者等の表示が異なるため，責任表示に記録しなかった著者とその情報源。

　　イ）主たる情報源に表示があり責任表示としなかった著者。

　　ウ）その他記述の本体に記載しなかった著者。

7.3.2　版および書誌的来歴に関する注記（§2.7.3.3）

　(1)　版および書誌的来歴に関する注記

　　　その版，または他の版（異版），あるいは他の資料との関係（書誌的来

歴）について説明する必要のあるときは注記する。

> 原著第3版の翻訳

(2) 複製資料の原本についての必要事項を注記する。

> 本書『「雨ニモマケズ」新考』は,「宮沢賢治の手帳研究」(昭和27年刊)の複製

7.3.3 出版・頒布等に関する注記 (§2.7.3.4)

(1) 出版・頒布等に関し記録しなかった出版者を必要に応じて注記。

(2) 頒布者,発売者等。

> 発売: 紀伊國屋書店

7.3.4 形態に関する注記 (§2.7.3.5)

(1) ページ数について説明する必要があるときは注記する。

> 左右同一ページ付け

(2) 挿図,肖像,地図等について説明する必要があるときは注記する。

> 著者の肖像あり

(3) 大きさについて必要のある場合注記する。

(4) 付属資料について注記することができる。(別法:5.4(1)参照)

これは定型注記であり最初に「付属資料」と記録したうえ,続けてその資料の性質を示す名称を丸がっこに入れて記録する。

> 付属資料(録音ディスク)

付属資料が独立のページ付け,異なった種類の図版,異なった大きさをもつときは,丸がっこに入れて記録する。

付属資料の名称を示すときは,コロンに続けて記録する。

> 付属資料(48p␣:␣30cm)␣:␣Teacher's note

(5) 形態的に独立しており,付属資料として扱わない付録,解説等が含まれているときは注記する。

> 別冊(52p) : 魚行水濁

(6) 印刷,複写の種類について説明する必要があるときは注記する。

> 謄写版
>
> 電子複写

(7) 装丁について説明する必要があるときは注記する。

箱入り

7.3.5　シリーズに関する注記（§2.7.3.6）

(1)　原本の属していたシリーズ名を必要に応じて注記する。

(2)　シリーズに記録しなかった並列シリーズ名を必要に応じて注記する。

(3)　シリーズに記録しなかったシリーズの編者を必要に応じて注記する。

(4)　シリーズに記録しなかった上位のシリーズ名を必要に応じて注記する。

7.3.6　内容に関する注記（§2.7.3.7）

内容に関して，必要に応じて注記する。注記の最後に記録する。

(1)　内容細目

内容を構成する個々の作品，論文等を下記のように記録することができる。(実例集 10)

内容：　原始・古代史序説　／　直木孝次郎.　旧石器時代論　／　鎌木義昌

(2)　巻末等の解説，年譜，年表，参考文献，総目次，あとがき，索引等について，下記のうち該当するいずれかの方法で注記することができる。

ア）前項(1)（内容細目）がある場合，その一連のものとして記録する。

内容：　第 1 部　植民地時代.　第 2 部　新国家.　第 3 部　産業化の時代.
第 4 部　クリーブランド公共図書館における児童奉仕活動.　参考文献.　索
引.　訳者あとがき

イ）上記ア）以外のケースで注記しようとするときは，通常の形（「内容」という見出しを用いない）で記録する。

付：　キリシタン主要洋語略解　日本キリスト教史年表　人名索引

(3)　その資料についての解題を記録することができる。

2019 年 10 月 2 日から 12 月 16 日まで国立新美術館において開催の展覧会「カルティエ，時の結晶」の展観目録

8.　標準番号，入手条件に関する事項（§1.8, §2.8）

ISBN：International Standard Book Number（国際標準図書番号）等の標準番号を記録する。2007 年 1 月から 13 桁のアラビア数字で表されている。

ISBN　978-4-474-02292-8

8.1　標準番号　ISBN（§1.8.1, §2.8.1）

ISBN およびシリーズの ISSN：International Standard Serial Number（国際標準逐次刊行物番号）を記録する。

ア）和書で ISBN として記録されている記事のうち「c」表示以下を除いて記録（これ以下を含んで「日本図書コード」という）。

ISBN 978-4-474-00096-X C2000 ￥2300E（8） → ISBN 978-4-474-00096-X

ISSN についても同様である。

イ）2 以上の ISBN が表示されているときはつぎのようにする。

①日本の国別記号（ISBN 978-4）から始まる番号を記録する。

②日本の国別記号をもつ番号が複数ある場合はつぎのようにする。

ⅰ）単行書の ISBN とセットもの ISBN をもつものは単行書の ISBN を記録する。

ⅱ）上下本などで 2 以上の ISBN がある場合は，連ねて記録する。

ISBN 978-4-563-03859-8. ― ISBN 978-4-563-03860-1

ウ）記録の方法

ISBN は最初に ISBN と記録し，1 スペースあけ 978- と記したうえ，①国別記号，②出版者記号，③書名記号，④チェック数字をハイフンでつなぎ記録する。

8.2 キー・タイトル（§1.8.2）

逐次刊行物で用いられる。

8.3 入手条件・定価（任意規定）（§1.8.3，§2.8.3）

通常記録しない。記録する場合は，図書に表示されているそのままの定価を通貨の略語を冠して記録する。

9. 書誌階層構造（§0.8）

9.0.1 書誌階層レベル（§0.8.1）

各書誌的記録内の書誌的事項は書誌的なレベルの相違をもとに異なる群に分けることができる（単行資料のレベル，シリーズのレベル，内容細目のレベル等）。この各々の群れを書誌単位という。こうした群れは相対的に上位・下位の関係を形成する。この書誌単位間の階層性を書誌階層という。

9.0.2 書誌単位（§0.8.2）

　一つの書誌レベルに属する固有のタイトルから始まる一連の書誌的事項の集合を書誌単位という。各書誌レベル（以下：レベル）に書誌単位がある。

(1)　基礎書誌単位（以下：基礎単位）

　　基礎レベルの書誌単位で下記のものがある。

　ア）単行書誌単位（以下：単行単位）

　　　単行レベルに属する単位。単行資料の本体を形成する書誌単位。

　イ）継続刊行書誌単位（以下：継続刊行単位）

　　　継続刊行レベルに属する単位。継続資料の本体の書誌単位。

(2)　集合書誌単位（以下：集合単位）

　　基礎レベルから見て集合のレベルにある書誌単位。セットものの本体を形成する。単行資料にあってはシリーズを形成する書誌単位である。

(3)　構成書誌単位（以下：構成単位）

　　基礎レベルから見てそれを構成するレベルにある書誌単位。単行資料等構成著作のそれぞれ。分出記録での記述では本体となる。

9.1　各書誌単位の書誌的事項（§記述付則1）

それぞれタイトル以下の書誌的事項がこれにあたる。

9.2　記録の書誌レベル（§1.0.2.2，§2.0.2.2）

(1)　単行レベルの記録：単行単位を記述の本体（トップ）とする書誌的記録

(2)　集合レベルの記録：集合単位を記述の本体とする書誌的記録

(3)　構成レベルの記録：構成単位を記述の本体とする書誌的記録

(4)　逐次刊行レベルの記録：継続刊行単位を記述の本体とする記録

9.3　記録の構造

9.3.1　単行レベルの記録をつくる（§1.0.2.3，§2.0.2.3）

　単行単位，集合単位，構成単位の順に記録する。NCR1987年版が原則と定めるレベルの記録であり，§1.0-1.8，§2.0以下に具体的に示される。

9.3.2　集合レベルの記録をつくる（§1.0.2.5，§2.0.2.4）

　集合単位，単行単位，構成単位の順に記録する。多段階記述様式（§記述付則2の3）で記録する。ただし簡略多段階記述様式（§記述付則2の4）によることができる。

9.3.3　構成レベルの記録をつくる（§1.0.2.6，§2.0.2.5)

　　構成単位（の当該の１点），単行単位，集合単位の順に記録する。集合レベルの書誌単位が複数ある場合は，小のシリーズから順に記録する。

　　分出記録様式（§記述付則２の５）によって記録する。

10.　物理レベルの記録（§1.10，§2.10)

　単行単位や集合単位を分割し形態的に独立した１点ずつで記録することができる。こうした物理的な記録を物理レベルの記録（＝物理レベル）という。

10.1　物理レベルの記録とその書誌的事項（§1.10.1)

　物理レベルの記録の構成要素は上記の各書誌単位と巻次・回次等である。

　たとえば，単行書誌単位を記録したうえで，その枝である巻次を示す。

10.2　記録のレベル：物理レベル（§1.10.0)

　基礎単位（単行単位）または集合単位を，組成する各冊次ごとに分けたものが物理単位であり，物理単位を本体とする記録が物理レベルの記録である。

　１点１点の資料管理を行う図書館の世界では実際上物理的な把握が欠かせない。ごくシンプルな単行資料は，単行レベルに属すると同時に物理レベルにも属しているから，単行レベルの記録でもって物理レベルの記録が同時的に実現される。しかし上下本等となると，単行レベルの記録と，物理レベルの記録は一致しない。物理レベルにおける記録の方法としては下記の形が考えられる。

　A）単行レベルの分肢として把握する（下巻の記録に注意)。

　　　一外交官の見た明治維新　／　アーネスト・サトウ著　：　阪田精一訳

　　　東京　：　岩波書店，1960

　　　2 冊　：　15cm. ― （岩波文庫　：　青 425-1，青 425-2)

　　　下　：　1960. ― 294p. ― （岩波文庫　：　青 425-2)

　B）新版・予備版の分割記入様式による。（§記述付則１の６，２の６)

11.　記述の記載様式（§0.8, §記述付則2）

書誌レベル・物理レベルと記述様式の関係

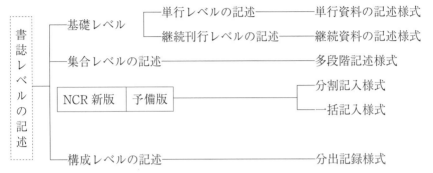

NCR1987年版改訂3版は，各種の書誌レベルの記録の記録様式について，その大方を1.0.2.2—1.0.2.6Bで述べている。

＜2＞　継続資料（逐次刊行物，更新資料）の記述（§13）

継続資料（逐次刊行物，更新資料）の記述に特有のことを示す。基本的には＜1.1＞記述総則・図書の記述の規定による。

0.　定義

この章では，継続資料，すなわち，完結を予定せずに継続して刊行される資料を対象とする。継続資料は，逐次刊行物と完結を予定しない更新資料である。逐次刊行物は，同一のタイトルのもとに，一般に巻次・年月次を追って，個々の部分（巻号）が継続して刊行される資料である。更新資料は，更新により内容に追加，変更はあっても，一つの刊行物としてのまとまりが維持されている資料であり，たとえば，加除式資料，更新されるウェブサイトなどがある。

0.1　記述の書誌レベル（§1.0.2.2, §13.0.2.2）

記述の対象　　記録の書誌レベル

継続資料　　　継続刊行レベル

構成部分　　　構成レベル

（継続刊行レベルの記録）

　継続資料を記述の対象とするときは，継続刊行単位を記述の本体とする書誌的記録を作成する。その記録は，継続刊行単位，集合単位，構成単位の順とする。集合単位はシリーズに関する事項，構成単位は内容細目として記録する。逐次刊行物は，原則として集合レベルの記録は作成しない。

0.2　記述の情報源（§1.0.3，§13.0.3）

（記述の基盤）

　逐次刊行物については，記述の基盤は，初号（本タイトルあるいは責任表示の重要な変化により新しい書誌的記録を作成した場合は，変化後の最初の号）とする。初号の情報が不明のときは，入手できた最初の号を記述の基盤とし，その号の巻次を注記する。

　更新資料については，記述の基盤は，出版開始年を除き，最新号とする。

（記述の情報源）

　記述は，そのよりどころとすべき情報源に表示されている事項を，転記の原則（本章2.1B＜1＞0.5.1参照）により，そのまま記録する。記述のよりどころとする情報源は，次の優先順位とする。

　　ア）印刷形態の継続資料

　　　(1)　表紙または標題紙のある逐次刊行物

　　　　①表紙，標題紙，背，奥付

　　　　②当該資料の他の部分

　　　　③当該資料以外の情報源

　　　(2)　表紙または標題紙のある更新資料

　　　　①標題紙（標題紙裏を含む），奥付，背，表紙

　　　　②当該資料の他の部分

　　　　③当該資料以外の情報源

　　　(3)　表紙および標題紙のないもの

　　　　①題字欄等

　　　　②当該資料の他の部分

　　　　③当該資料以外の情報源

　　イ）印刷形態以外の継続資料

関連する各章において規定するところによる。

0.3　記述すべき書誌的事項とその記録順序（§1.0.4，§13.0.4）＊印ごとに改行

(1)　タイトルと責任表示に関する事項：図書の記述に準じる。

(2)　版に関する事項：図書の記述に準じる。

(3)　巻次，年月次に関する事項

図書の記述の規定にない記録事項である。

＊(4)　出版・頒布等に関する事項：図書の記述に準じる。

＊(5)　形態に関する事項

(6)　シリーズに関する事項：図書の記述に準じる。

＊(7)　注記に関する事項：図書の記述に準じる。

図書の場合にない注記事項として，刊行頻度がある。

＊(8)　ISSN，入手条件に関する事項

ISSN，キー・タイトルを（入手条件とともに）記録事項とする特徴がある。

0.4　記述の精粗（§1.0.5，§13.0.5）

第1―第3水準がある。ただし，資料（または刊行方式）の特性に関する事項として巻次が加わる。標準は第2水準である。

第2水準（改行を用いる方法）

本タイトル␣［資料種別］␣：␣タイトル関連情報␣／␣責任表示.␣―版表示.␣.―巻次␣（年月次）

出版地または頒布地等␣：␣出版者または頒布者等，␣出版年または頒布年等

数量␣；␣大きさ␣＋␣付属資料.␣―␣（本シリーズ名，␣シリーズのISSN␣：␣シリーズ番号.␣下位シリーズの書誌的事項）

注記

ISSN

1.　タイトルと責任表示に関する事項（§1.1，§13.1）

1.1　本タイトル（§1.1.1.1，§13.1.1）

1.1.1　本タイトルとするものの範囲（§1.1.1，§13.1.1.1）

(1)　本タイトルにはつぎのようなものがあるが，その形で本タイトルとする。

　　総称的な語のみのタイトル，団体名のみのタイトル，数字や略語によるタイトル，刊行頻度を含むタイトル。

(2)　部編名をもつ場合について

　　レイアウト等から見て有力なものを本タイトルとする。

(3)　異なるタイトルが併行している場合の処置

　ア）情報源によってタイトルが異なる場合

　　表紙，標題紙，背，奥付の順に優先する。

　イ）同一情報源に異なるタイトルの表示がある場合，次の優先順位による。

　　①本文が日本語の場合は日本語のものを本タイトルとして記録し，外国語のタイトルは注記する。

　　②日本語で異なるタイトルがある場合は，より顕著な方を本タイトルとし他方を注記する。

(4)　タイトルの変化

　　逐次刊行物では，本タイトルに重要な変化が生じた場合，別の新しい書誌的記録を作成する。変化前後のタイトルに対応する書誌的記録の双方に本タイトルの変化について注記する。軽微な変化の場合，新たな書誌的記録は作成しない。変化後のタイトルを注記することができる。

　　本タイトルの変化が重要な変化，軽微な変化のいずれに該当するかの判断については，§13.1.1.3を参照のこと。

　　　東京大学アメリカ研究資料センター年報（最初の変化前に対応する記録）

　　　東京大学アメリカン・スタディーズ（最初と2回目の変化の間に対応する記録）

　　　アメリカ太平洋研究（2回目の変化後に新たに作成した記録）

　　更新資料では，本タイトルにどのような変化が生じた場合も，新たな書誌的記録は作成しない。従来記録していた本タイトルを変化後のタイトルに改める。変化前のタイトルを注記することができる。

1.1.2　本タイトルの記録：図書の記録に準じる。（§1.1.1.2，§2.1.1.2，
　　§13.1.1.2）

1.2　資料種別（§1.1.2，§13.1.2）

　印刷資料の継続刊行物には資料種別を記録しないが，その他のメディアの資料の継続刊行物でその資料メディアに関する規定上，資料種別を行う旨の規定があれば記録する。

1.3　並列タイトル（§13.1.3）採用せず，注記する。

1.4　タイトル関連情報：図書の規定に準じる。（§1.1.4，§13.1.4）

1.5　責任表示（§11.5，§13.1.5）

　図書の規定に準じるがつぎの特徴がある。

1.5.1　個人編者は原則として記録せず，注記する。

1.5.2　団体編者が単に編集実務を担当するその団体の内部組織名までを含んだ形で表示されているときは，内部組織名を省略する。

2．版に関する事項：図書の規定に準じる。（§1.2，§13.2）

　逐次刊行物では，変化後の版表示を注記することができる。

　更新資料では，従来記録していた版表示を変化後の版表示に改める。変化前の版表示を注記することができる。

3．順序表示に関する事項（§1.3，§13.3）（実例集27，28）

　更新資料では順序表示は記録しない。

3.0.0　記述の意義

　　巻次，年月次は継続刊行物の刊行の状態を示すもので，これに基づいてそれぞれの継続刊行物が同定識別されることがある。

3.0.1　記録すべき順序表示とその記録順序は，つぎのとおりとする。

　⑴　巻次

　⑵　年月次

3.0.2　区切り記号法

　⑴　順序表示に関する事項の前には，ピリオド，スペース，ダッシュ，スペースを置く。

　⑵　初号の巻次および年月次の後ろにハイフン「-」を置く。巻次に続く年

月次は丸がっこに入れる。丸がっこ（一対）の前後にスペースを置く。ただし，それに別の区切り記号が続く場合，丸がっこのあとのスペースは省く。

⑶　別方式の巻次，順序表示などが重なる場合には，別方式の巻次などの前に「＝」（等号）を置く。3.1.2 参照。

⑷　不連続の新たな巻次が続く場合は，元の終号の巻次のあとに，スペース，セミコロン，スペースを置いて記録する。3.1.3 参照。

3.1　順序表示とするものの範囲 （§13.3.1）

順序表示は初号（タイトルの変更があったもので巻号を継承する場合は，変更された最初の号）と終号について記録する。ただし刊行中のものは，初号についてのみ記録する。

> 改造. ― 1 巻 1 号（大正 8 年 4 月）-36 巻 2 号（昭和 30 年 2 月）

> 世界. ― 1 号（昭和 21 年 1 月）-

3.1.1　初号に順序表示のないものは，それに続く号の番号付けに基づいて記録する。

3.1.2　2 以上の順序表示の表示方式がある場合

表示されている順序で記録する。ただし巻号と通号が並存するときは，通号を別方式とする。

> 鉱山. ― 11 巻 1 号　＝　101 号（1958）-

3.1.3　タイトルを変更せず新たな巻次，年月次の表示を始めた継続資料

古い巻号の初号と終号を記録し，続けて新しい巻号を記録する。

> 世界経済評論. ― 26 号（昭和 31 年 6 月）-57 号（昭和 34 年 12 月）　；　4 巻 1 号（昭和 35 年 1 月）-

3.1.4　所蔵巻号については所蔵事項（所蔵事項エリア）に記録する。10 参照。

3.2　順序表示の記録の方法 （§13.3.2）

巻次，年月次の順に表紙等に用いられている表示をそのまま記録する。

3.2.1　完結した場合

初号の巻次，年月次と終号の巻次，年月次とをハイフンで結んで記録する。

3.2.2　刊行中のものの巻次，年月次

初号の巻次，年月次にハイフンを付して記録する。

4.　出版・頒布等に関する事項（§1.4，§13.4）

その継続資料に関して記し，複製の場合，原本の事項は注記する。

4.1　出版地，頒布地等：記述総則・図書の記述に準じる。

4.2　出版者，頒布者等：記述総則・図書の記述に準じる。

出版者の変更については逐次刊行物では，出版者等に変化が生じた場合，変化後の出版者等を注記することができる。

更新資料では，出版者等に変化が生じた場合，従来記録していた出版者を変化後の出版者に改める。変化前の出版者等を注記することができる。

4.3　出版年，頒布年等：記述総則・図書の記述に準じる。

ア）完結している場合は初号の出版年と終号の出版年をハイフンで結んで記録する。

イ）刊行中の場合は初号の出版年にハイフンを付して記録する。

4.4　製作に関する事項（§1.4.4，§13.4.4）：図書の記述に準じる。

4.5　出版に関する事項の変更

出版地，出版者に変更があった場合は注記する。4.2の方法に同じ。

5.　形態に関する事項（§1.5，§13.5）

5.1　特定資料種別と資料の数量（§13.5.1）

5.1.1　記録するものの範囲

(1)　継続資料としての特定資料種別は記録せず，各資料種別の規定による。

(2)　数量

ア）印刷資料の場合は，冊数を記録する。

イ）印刷資料でない場合は，それぞれの資料種別の規定による。

5.1.2　記録の方法

(1)　継続資料が刊行されたときの数量を記録する。

(2)　刊行中の場合は，空欄とする。

ア）印刷資料の場合は，「冊」のみを記録する。

イ）上記以外の場合は，特定資料種別のみを記録する。

ウ）いずれの場合も，刊行完結後に数量を記録する。

5.2　その他の形態的細目（§13.5.2）

印刷形態の継続資料の場合は記録しない。

5.3　大きさ（§1.5.3, §13.5.3)

記述総則・図書の記述の規定ほか各資料種別の規定による。

5.4　付属資料（§1.5.4, §13.5.4)

記述総則・図書の記述の規定ほか各資料種別の規定による。ただし，ここにおいて「付属資料」として記録するものは，その継続資料と同時に刊行され，その継続資料とともに利用するようになっている付属物に限る。その他のものは注記する。

6.　シリーズに関する事項（§1.6, §13.6)

記述総則・図書の記述の規定による。

7.　注記に関する事項（§1.7, §13.7)

7.1　注記とするものの範囲：記述総則・図書の記述の規定による。

7.2　記録の方法：記述総則・図書の記述の規定による。

7.3　注記事項の種別（§1.7.3, §13.7.3)

7.3.0　刊行頻度（§13.7.3.0)

継続資料の刊行頻度がタイトルと責任表示に含まれていないときは，表示された刊行頻度を注記する。

刊行頻度の記録は「日刊」，「週刊」，「旬刊」，「月刊」，「隔月刊」，「季刊」，「半年刊」，「年刊」，「隔年刊」，「不定期刊」等の表示を用いる。

刊行頻度：　月刊

7.3.1　タイトルと責任表示に関する注記（§13.7.3.1)

総称的なタイトルの継続資料について注記するときは，責任表示まで注記する。

(1)　タイトルに関する注記

ア）タイトルの情報源

所定の情報源以外からタイトルを記録したときは，情報源を注記する。

タイトルの情報源：　欄外

イ）別の形のタイトルがある場合は別の形のタイトルと情報源を注記する。

　　　別のタイトル：The library journal（情報源は標題紙）

ウ）タイトルが本文の言語と異なるときは，これを注記する。

　　　本文の言語：日本語

エ）同一情報源に日本語と外国語（ローマ字表記の日本語を含む）のタイトルがある場合，日本語のものを本タイトルとし（1.1.(3)イ)），外国語のタイトルを注記する。

　　　英語によるタイトル：　Asahi journal

オ）タイトルの変更が軽微で，タイトル変更として扱わなかったものについては注記する。（§13.7.3.1カ）

カ）翻訳誌等である場合は，元の継続資料のタイトルおよび ISSN を注記する。

キ）複製物のタイトルが原継続資料のタイトルと異なるときは，原タイトルおよび ISSN を注記する。

(2)　責任表示に関する注記事項

　　ア）主筆，同人等，個人編者が標題紙等に表示されているときは注記する。

　　イ）情報源によって責任表示が異なるとき，記録しなかった責任表示とその情報源を注記する。

　　ウ）責任表示に変更があったときは注記する。

7.3.2　版および書誌的来歴に関する注記（§13.7.3.2）

　　版に関する注記は記述総則・図書の記述の規定に準じる。

8.　ISSN，入手条件に関する事項（§1.8，§13.8）

8.1　ISSN 等（§1.8.1，§13.8.1）

ISSN：International Standard Serial Number（国際標準逐次刊行物番号）：逐次刊行物の国際的個別化用に ISSN ネットワーク（旧称 ISDS）が与える逐次刊行物ごとの固有番号。日本では，国立国会図書館に国内センターが置かれている。

　　ISSN　8204-8206

8.2　キー・タイトル（任意規定）（§1.8.2，§13.8.2）

ISSN ネットワークが ISSN と同時に与える個別化のためのタイトル。本来のタイトルでは個別化が困難な場合に発行団体名等を付す形を採る。ISSN の後に等号「＝」で結んで記録する。

9. 書誌階層 （§13.0.2）

継続資料に関係する中心的な書誌単位は継続刊行書誌単位（以下：継続刊行単位）である。その上位書誌レベルの書誌単位として，集合単位があり，下位書誌レベルのものとして，構成単位がある。

10. 所蔵事項の記録 （§13.10）

継続資料の書誌的記録は，刊行等に関する記録であるから，図書館の目録記入としては，書誌的記録に添えて所蔵の記録が必要となる。

記録すべき所蔵事項と，その記録順序は下記のとおりである。

1) 所蔵巻次，その年月次
2) 合綴製本の数量
3) 保存期間
4) 保有資料に関する注記

11. 継続資料の記述様式

記述総則・図書の記述（＜1.1＞11）に準じるが，基本的な形としては下記のようなものとなる。

情報管理. ― Vol. 6 No. 1（昭和38年1月）-

東京：日本科学技術情報センター，1963-

　冊：　26cm

刊行頻度：　月刊

継続前誌：　月刊 JICST. 同誌の巻号を継続

ISSN　0021-7298

所蔵：　Vol. 9　No. 1（昭和41年1月）-Vol. 35 No. 5

（昭和62年8月）

12. 更新資料 （略）

＜3＞　その他の資料の記述（実例集29―33）

図書，継続資料以外に下記のものがある。ただしその記述については略す。

①書写資料（§3）

②地図資料（§4）

③楽譜（§5）

④録音資料（§6）

⑤映像資料（§7）

⑥静止画資料（§8）

⑦コンピュータファイル（§9）

⑧博物資料（§10）

⑨点字資料（§11）

⑩マイクロ資料（§12）

＜4＞　記述の記載例

日本目録規則　1987年版　改訂3版
記述付則2（転写）

1　単行レベルの記録

日本語の歴史␣／␣辻村敏樹編

東京␣：␣明治書院,␣1991

6,␣471p␣；␣19cm.␣―␣（講座日本語と日本語教育␣；␣第10巻）

ISBN4-625-52110-6␣：␣¥2884

2　継続刊行レベルの記録

カメラ年鑑

東京␣：␣日本カメラ社,␣1991-

␣冊␣；␣26cm.␣―␣（日本カメラmook）

3　集合レベルの記録（多段階記述様式）

講座日本語と日本語教育.␣―␣東京␣：␣明治書院,␣1989-1991

16 冊␣；␣19cm

第 1 巻：␣日本語学要説␣／␣宮地裕編.␣—␣1989.␣—␣6, ␣336p

ISBN 4-625-52101-7 ␣：␣¥2884

　　　（略）

第 10 巻：␣日本語の歴史␣／␣辻村敏樹編.␣—␣1991.␣—␣6, ␣471p

ISBN4-625-52110-6 ␣：␣¥2884

　　　（略）

第 13 巻-第 14 巻：␣日本語教育教授法␣／␣寺村秀夫編.␣—␣1989-1991.␣—␣2 冊

ISBN4-625-52113-0 ␣(13)␣：␣¥2884

ISBN4-625-52114-9 ␣(14)␣：␣¥2884

4　集合レベルの記録（簡略多段階記述様式）略

5　構成レベルの記録（分出記録様式）

夫婦の法の課題␣／␣利谷信義著.␣—␣(夫婦.␣—␣東京␣：␣日本評論社, ␣1991.␣—␣p3-14.␣—␣(講座・現代家族法␣／␣山井健ほか編；␣第 2 巻))

J-BISC 主題検索の基礎知識␣／␣千賀正之著.␣—␣(図書館雑誌.␣—␣第 83 巻 6 号 (1989 年 6 月)-11 号␣(1989 年 11 月))

＜5＞　洋書目録における記述（実例集 42 — 45）

　NCR1987 年版改訂 3 版はすべての言語の資料を扱えるよう規定されているので，洋書目録も，この版に従って作成できる。どの書誌的事項にあたるか判断し当該の記録位置に記載する。表現法，たとえば大文字・小文字の使い分けなどは，各言語の大文字使用法に従うが，このことは和書目録での場合と同様である。注記は英語で記載する。このほかでは，州をもつ国の出版社の出版地に関して州名の略語を付す。以上の注意を払えば，和書目録の技術を基礎に，NCR1987 年版改訂 3 版に従って洋書目録の記入が作成できる。

　ここで一例（C. Sagan の COSMOS）の原書の記述を示す。

NCR1987 年版改訂 3 版によれば

> Cosmos ／ Carl Sagan.
>
> New York ： Ballantine, 1980
>
> 400p ； 20cm

> tl. Cosmos. al. Sagan, Carl

AACR 2 R2002 によれば

> Sagan, Carl.
>
> Cosmos ／ Carl Sagan. ── New York ：
>
> Ballantine, 1980.
>
> 400p. ； 20cm.

> I. Tittle.
>
> 洋書目録は今日では通常 AACR 2 R2002 に従って作成する。

C　標目

標目とは検索の手がかりとなるもので，配列の第一の要素である。

　標目の種類には，タイトル標目（書名標目），著者標目，件名標目，分類標目がある。この章ではタイトル標目と著者標目に限定する。

　NCR1987 年版改訂 3 版における標目の規定はもっぱらカード目録を想定したものであり，オンライン目録が主流となった現在においてはそぐわなくなった部分（たとえば和資料の標目は片かなで表記することなど）も存在する。ただし，統一標目形の考え方などはオンライン目録においても重要なので，本書においても概要を説明するものとする。

0.　標目総則（§21）

標目のよりどころはつぎのとおりである。

　ア）記述中に含まれるタイトル，著者名

　イ）記述にないが参照によって導かれるタイトル，著者名

0.1　標目の選択（§21.1）

106

標目の選択は，原則として記述の本体となる書誌レベルの書誌単位を対象とし，必要ならば，他の書誌レベルの書誌単位をも対象とする。

0.2　標目の形（§21.2）

0.2.0　統一標目（§21.2.0）

著者標目には，著者名典拠ファイルに定められた形，すなわち統一標目を用いることを原則とする。

注：統一標目の維持管理には，統一標目の形，読み，参考とした典拠資料名，不採用の名称からの参照等を記録した典拠ファイルが必要である。

0.2.1　統一タイトル（任意規定）

タイトル標目については無著者名古典，聖典および音楽作品の範囲内で統一標目（統一タイトル）を用いることができる。（§21.2.1任意規定，§26）統一タイトルでも典拠ファイルを備える必要がある。

0.3　標目の表し方（§21.3）

標目はまず標目指示として記述の下部に記録する。この指示に従って各記入の標目として表示される。

0.3.0　標目指示におけるタイトル，著者名等の標目の表し方（§21.3.0）

片かなで表す。ただしローマ字で表してもよい。

＜片かな表記法＞　（標目付則1参照）

a　「ヰ」「ヱ」「ヲ」　→　「イ」「エ」「オ」　「みづゑ」を読む　→　ミズエ　オ　ヨム

b　「ヂ」「ヅ」　　　　→　「ジ」「ズ」　ちぢみづくり　→　チジミズクリ

c　助詞「へ」（〜へ）→　「エ」　　　何処へ　　　　→　イズコエ

d　助詞「ハ」（〜ハ）→　「ワ」　　　人は城　　　　→　ヒト　ワ　シロ

e　漢字表示の外国語はその発音に従って表記する。

桑港　　　　→　サンフランシスコ

西班牙　　　→　スペイン

f　アルファベット表示の固有名，語句は発音に従って片かなで表記。

JISハンドブック　→　ジス　ハンドブック

阿Q正伝　　　→　ア　キュー　セイデン

　　　　This is Japan　　　　　　→　ジス　イズ　ジャパン

　　　　D・H・ロレンスの研究　→　ディ　エイチ　ロレンス　ノ　ケンキュウ

　ただし，読みが一定しないものについては常用の読みによる。

　　　　Virus　→ウィルス（ビールスの読みあり）

g　拗音，促音は小文字で表記する。

h　書名中の数字は，常用の読みに従って片かなで表記する。

　　　　七人の敵が居た　→　シチニン　ノ　テキ　ガ　イタ

　　　　日本十進分類法　→　ニッポン　ジッシンブンルイホウ

i　長音は外来語，固有名で使用されている場合および外国語の片かな表記に使用する。

　　　　Henry Fielding の小説　→　ヘンリー　フィールディング　ノ　ショウセツ

＜巻次の表記法＞

　a　巻次，回次，年次はアラビア数字に統一して記載する。数字以外で表示
　　されている巻次は，前後関係によって数字で記載する。

　　　　世界の旅　補巻　→　セカイ　ノ　タビ　8（全7巻の予定から増えたもの）

　b　部編名は全編中の前後関係を判断して数字で記載する。前後関係の決定
　　が困難な場合は，書名のあとにピリオド「.」をうち，部編名を片かなで
　　記載する。

　　　　太郎物語　高校編　→　タロウ　モノガタリ.　コウコウヘン

　c　年次は西暦に統一して記載する。

　　　　地方自治小六法　平成 31 年度　→　チホウジチ　ショウロッポウ　2019

　d　巻と号，巻と冊次など2段階以上に分かれているものは，巻次のあとに
　　ピリオド「.」を打ち，冊次などを記載する。部編名のもとに巻次がある
　　場合も同様とする。

　　　　情報工学講座　B-3-1　→　ジョウホウ　コウガク　コウザ　2.3.1

　e　巻次，回次と年次をもつ場合，年次は表記しない。

　　　　理科年表　第 92 冊（平成 31 年）　→　リカ　ネンピョウ　92

0.3.1　漢字等の付記

　　片かなだけではわかりにくい標目には漢字を付記する。

0.3.2　MARC レコードの標目の記録

　　MARC レコードに標目を記録するときは，当該標目の片かな表記と漢字等を併記する。

0.4　標目指示（§21.4）

0.4.1　記入における標目指示の位置

　　標目指示は，編成する目録の種別ごとに記述の下部につぎのように記載する。

　　　t1. タイトル標目　a1. 著者標目　s1. 件名標目　①分類標目

　　あるいは下記のような場合もありえる。

　　　t1. タイトル標目　a1. 著者標目　a2. 著者標目　s1. 件名標目　s2. 件名標目

　　　①分類標目

0.4.2　標目指示の順序

　　標目指示の順序は，タイトル，著者，件名，分類の順とし，標目の種別ごとに略語を冠した一連のアラビア数字を用いる。

　　ア）タイトル標目　番号に「t」を冠する。

　　イ）著者標目　番号に「a」を冠する。

　　ウ）件名標目　番号に「s」を冠する。

　　エ）分類標目　番号を「○」で囲む。

0.4.3　MARC レコードにおける標目の記録順序

　　MARC レコードにおける標目の記録順序は，特定の MARC フォーマットで定める方式による。

1.　タイトル標目（§22）

1.1　通則（§22.1）

　　標目は，原則として記述中に記録されているタイトルのうちから選ぶ。

1.1.0.1　（標目とするタイトル）　つぎのタイトルは，標目とする。

　　ア）本タイトル　総合タイトルの表示がない資料で，個々の著作のタイトルが列記されている場合は，それぞれのタイトルを標目とする。

　　イ）別タイトル

1.1.0.2（必要に応じて標目とするタイトル）　つぎのタイトルは，必要に応じて標目とする。

ア）タイトル中の修飾語または修飾部を除いた部分タイトル

イ）並列タイトル

ウ）タイトル関連情報

エ）シリーズ名

オ）本タイトルと書誌レベルの異なる注記のタイトル（シリーズ名を除く）

カ）その他の注記のタイトル

キ）内容細目のタイトル

1.2　タイトル標目の形（§22.2）

タイトルは記述中に記録されている形を標目とする。

1.3　タイトル標目の表し方（§22.3）

1.3.0　通則

和資料は片かなで表記する。

1.3.1　巻次の表記

タイトルのあとに巻次があるときは，これを簡略な形で付加する。

多摩の百年　上　　→タマ　ノ　ヒャクネン　1

法律学全集　第3巻　→ホウリツガク　ゼンシュウ　3

1.4　タイトル標目指示（§22.4）

1.4.0　通則

タイトル標目指示の記載の順序は，つぎの順とする。

ア）本タイトル　　　　　イ）別タイトル

ウ）並列タイトル　　　　エ）部分タイトル

オ）タイトル関連情報　　カ）シリーズ名

キ）注記に記録されているタイトル

1.4.1　記載の位置

記述の下部に記載する。番号に「t」を冠する。

1.5　タイトル標目の記載（§22.5）

1.5.0　通則

標目は，標目指示に示されたとおり記載する。

1.5.1　記載の位置

記述の上部に（タテ第1線から）記載する。

1.6 参照（実例集 34, 35）（§22.6）

2. 著者標目（§23）

2.0 標目の選択（§23.1）

2.0.0 通則

標目は，原則として記述中に記録されている著者名のうちから選ぶ。

2.0.1（標目とする著者） 本タイトルの責任表示として記録されている個人，団体は，標目とする。総合タイトルの表示がない資料で，個々の著作のタイトルが列記されている場合は，個々の著作の責任表示として記録されている個人，団体を標目とする。

2.0.2（必要に応じて標目とする著者） つぎの著者は，必要に応じて標目とする。

　ア）特定の版または付加的版の責任表示として記録されている個人，団体

　イ）シリーズに関する責任表示として記録されている個人，団体

　ウ）注記に記録されている個人，団体

2.0.3 （標目とする出版者） 必要ならば，出版・頒布等に関する事項に記録されている出版者は，著者標目とする。

2.0.4 著者への関与のしかたによる標目の選択

　資料または著作への関与のしかたによって著者標目を選択する場合は，つぎの基準による。

　ア）標目とするもの

　　主な著作関与者…著者，編さん者，翻案者，改作者，脚色者，作曲者，編作曲者等

　イ）必要に応じて標目とするもの

　　副次的な著作関与者…編者，訳者，監訳者，注釈者，評釈者，校訂者，校閲者，訓点者，解説者，挿絵画家，監修者，編曲者，演奏者，作詞者等

　ウ）原則として標目としないもの

　　その他の著作関与者…特定の資料を編さん，刊行するために設けられた編さん委員会，刊行委員会等

2.1　著者標目の形（§23.2）

2.1.0　通則

　　著者は，典拠ファイルに定められた統一標目の形を用いる。

2.1.1　人名

　　人名は，原則として最初に目録記入を作成するとき，その資料に表示されている形を統一標目とする。著名な，あるいは著作の多い著者については，統一標目はつぎの優先順位による。

　　ア）参考資料等において多く用いられている形

　　イ）多くの著作で一致している形

2.1.2（2以上の名称を用いる著者）　同一著者が2以上の名称を用いるとき，次の場合には，それぞれの名称を標目とする。

　　ア）改姓改名した著者が，新旧の姓名で著作しているとき

　　イ）同一著者が著作の内容によって2以上の名称を使い分けているとき

2.1.3（同名異人）　同名異人は，生没年を付記して区別する。生没年で区別できないときは，さらに職業，専門分野，世系等を付記して区別する。ただしすべての人名に生没年等を付記するものとすることができる。

2.1.4（各種の人名）

2.1.4A（姓名の形をもつ人名）　つぎの人名は，姓の下に名を続ける形を標目とする。姓と名はコンマで区切る。

　　ア）姓と名から構成されている人名

　　イ）筆名，雅号，屋号等で，それが姓と名のように慣用されている人名

　　　　なだいなだ　　　　→ナダ，イナダ

　　　　江戸川乱歩　　　　→エドガワ，ランポ

　　　　O　ヘンリー　　　　→ヘンリー，O

　　ウ）地名と結びついた形で知られていて，それが姓と名のように慣用されている人名

　　　　佐倉宗五郎　　　　→サクラ，ソウゴロウ

2.1.4B（姓または名のみの人名）　次の人名は，姓または名のみを標目とし，必要事項を付記する。

ア）姓または名しか明らかでない人名

「をだまき集　梁田氏著」　　→ヤナダ

「園女奉納千首和歌　園女作」→ソノ

イ）名のみで知られている人名

ピウス（2世）→ピウス（2世）

空海　　　　→クウカイ

2.1.4C（姓と名から構成されていない人名）　姓と名から構成されていない人名は，全体を一語とした形を標目とする。

明治天皇　　→メイジ　テンノウ

藤原道綱母　→フジワラ　ミチツナ　ノ　ハハ

清少納言　　→セイ　ショウナゴン

ラサール石井→ラサール　イシイ

ビートたけし→ビート　タケシ

2.1.4D（外国人名）　外国人名については，つぎの各項にもよる。

ア）古代ギリシア人名は，ギリシア語形を標目とする。

ホメルス　　　→ホメロス

ホーマー　　　→ホメロス

プラトー　　　→プラトン

イ）西洋人名中の前置語の扱いは，その著者の国語の慣習に従う。

ラ・フォンテーヌ，ジャン　ド

ウ）複合姓は，著者が常用している形か，確立している慣用形を標目とする

オルテガ・イ・ガセット，ホセ

エ）西洋の貴族のうち，その称号で一般に知られている人名は，称号中の固有名の下に記録する。

オ）中国人名，朝鮮人名は，2.1.4A-C の規定による。

カ）中国人名，朝鮮人名以外の東洋人名は，それぞれの国の慣習に従った形を標目とする。

2.2　団体名

2.2.0（通則）　団体名は，原則としてその団体の出版物に多く表示されている

形を統一標目とする。

2.2.1（法人組織等の語句の省略）　団体名の冒頭にあって，その団体の法人組織，創立の趣旨等を表示する部分は省略する。

> 公益社団法人日本図書館協会　→ニホントショカンキョウカイ

2.2.2（団体の名称の変更）　団体の名称に変更があった場合は，それぞれの著作当時の名称を標目とする。

> 日本図書館学会　　　→ニホントショカンガッカイ
>
> 日本図書館情報学会　→ニホントショカンジョウホウガッカイ
>
> （参照：「農林省」「農林水産省」　相互に）

2.2.3（団体の内部組織）　団体の名称が内部組織を含めて資料に表示されているときは，その内部組織を省略した名称を標目とする。ただし内部組織を含めた名称を標目としてもよい。

> 財務省関税局　　　　→ザイムショウ
>
> 東京都建設局河川部　→トウキョウト
>
> 日本山岳会東海支部　→ニホンサンガクカイ

2.2.4（同名異団体）　同名異団体は，所在地，創立年等を付記して区別する。

> 社会科教育研究会　→シャカイカキョウイクケンキュウカイ（東京学芸大学内）
>
> 社会科教育研究会　→シャカイカキョウイクケンキュウカイ（大阪市教職員組合）

2.2.5（各種の団体）

2.2.5A（国の行政機関―日本）

ア）国の行政機関は，その名称を標目とする。

> 人事院　　　　　　→ジンジイン

イ）国の行政機関の付属機関は，その名称を標目とする。ただし，識別上他の機関とまぎらわしいときは，所轄行政機関名を冠した名称を標目とする。

> 法務総合研究所　　→ホウムソウゴウケンキュウジョ
>
> 国立印刷局　　　　→コクリツインサツキョク
>
> 防衛庁技術研究本部　→ボウエイチョウギジュツケンキュウホンブ

ウ）国の行政機関の出先機関（地方支部局）は，その名称を標目とする。

　　　　大阪経済産業局　　　→オオサカケイザイサンギョウキョク

エ）在外公館は，国名に続けて「大使館」「領事館」等の機関名を付した形
　　を標目とし，その所在国または所在地を付記する。

　　　　在アメリカ大使館（日本）　→ニホンタイシカン（在アメリカ合衆国）

2.2.5B　（国の立法機関および司法機関）国の立法機関は，その名称を標目と
　　する。

　　　　衆議院　　　　　　　→シュウギイン

2.2.5C　（政府関係機関）　政府関係機関はその名称を標目とする。

　　　　国際協力事業団　　　→コクサイキョウリョクジギョウダン

2.2.5D　（地方公共団体）

ア）地方公共団体は，その名称を標目とする。

　　　　東京都教育委員会　　→トウキョウトキョウイクイインカイ

イ）地方公共団体の付属機関および出先機関は，地方公共団体名を冠した名
　　称を標目とする。

　　　　北海道上川支庁　　　→ホッカイドウカミカワシチョウ

2.2.5E　（教育施設）

ア）大学，学校等の教育施設は，その名称を標目とする。

イ）大学の学部は，大学名を標目とする。

　　　　東京大学医学部生理学教室　→　トウキョウダイガク

ウ）大学に付属，付置された学校，図書館，博物館，研究所，試験所（場），
　　病院等は，一般によく知られている名称を標目とする。

　　　　大阪市立大学医学部附属病院　→　オオサカシリツダイガクフゾクビョウイン

　　　　福岡教育大学教育学部附属久留米中学校

　　　　　　　→　フクオカキョウイクダイガクフゾククルメチュウガッコウ

2.2.5F　（外国の団体）

ア）外国の団体は，わが国慣用の日本語形の名称を標目とする。この形が把
　　握できないときは，資料に表示されている日本語形の名称を標目とする。

　　　　米国図書館協会　　　　　　→　アメリカトショカンキョウカイ

　　　　ブリティッシュ・ミュージアム　→　ダイエイハクブツカン

イ）外国の政府機関等は，国名，連邦加盟共和国名，州名，邦名，都市名等を冠した名称を標目とする。（§付録3「国名標目表」参照）

イギリス運輸省　　　　　　→イギリスウンユショウ

カリフォルニア州議会　　　→カリフォルニアシュウギカイ

2.2.5G（国際団体）　国際的に組織された連盟，学会，協会等は，わが国慣用の名称を標目とする。

国際連合教育科学文化機関　→ユネスコ

WHO　　　　　　　　　　→セカイホケンキコウ

2.2.5G別法　　国際団体は一般によく知られている原語形の名称を標目とする。

2.2.5H 任意規定　　会議，大会等はその名称を標目とし，必要に応じて回次，開催年，開催地を付記する。

2.3　著者標目の表し方

標目は，原則として片かなで表記する。

2.3.1　漢字等の付記

標目が記述中の表示によらない場合は，必要に応じてそれに該当する漢字，ローマ字等を付記する。

2.3.2　同名異人，同名異団体への付記

同名異人，同名異団体の付記事項は，漢字，ローマ字，数字等を用いる。

2.3.3　人名

ア）姓名の形をもつ人名は，姓と名の間をコンマ「,」で区切って表記する。

カワバタ, ヤスナリ

イ）姓と名から構成されていない人名はコンマを用いずに表記する。

ビート　タケシ

2.3.3.1（日本人名）

ア）原則として本人に固有の読みを表記する。

イ）かなで表されている名がその読みと異なるときは，その読みを表記する。

村山リウ　　　→ムラヤマ, リュウ

ウ）おおよそ中世までの人名で慣用される，姓と名の間の「ノ」の読みは採用しない。ただし姓が単音またはその長母音の場合は「ノ」を残す。

山部赤人　　　　→ヤマベ，アカヒト

（例外）太安麻呂 →オオノ，ヤスマロ

紀貫之　　→キノ，ツラユキ

2.3.3.2（東洋人名）

ア）漢字のみで表示される中国人名および朝鮮人名は，その漢字の日本語読みで表記する。

毛沢東　→モウ，タクトウ

イ）漢字に母国語読みが併記された形で表示されている中国人名，朝鮮人名は，その漢字の母国語読みで表記する。

イー・オリョン＜李御寧＞→イー，オリョン

安宇植（アン　ウシク）→アン，ウシク

2.3.3.3（西洋人名）西洋人名を片かなで表記するときは，つぎの各項による。

ア）名がイニシアル形で表示されているときは，そのままローマ字で表記する。

ローレンス，D. H.

イ）前置語を伴う姓，複合姓等，2語以上の語間には，中点「・」を入れる。

ド・ゴール，シャルル

ウ）長音，拗長音は，「ー」（長音符号）で表す。

2.3.4　団体名

2.3.4.0（通則）　団体名は，全体を一語とする。ただし，分かち書きすることができる。

団体の内部組織を含めた形を標目とするときは，その上部組織と内部組織の間を「．」（ピリオド）で区切って表記する。

2.4　著者標目指示（§23.4）

標目指示の記載の順序は，人名，団体名の順とし，それぞれのなかはつぎの順とする。

ア）本タイトルの責任表示として記録される著者名

イ）特定の版または付加的版の責任表示として記録されている著者名

ウ）シリーズに関する責任表示として記録されている著者名

エ）注記に記録されている著者名

オ）出版者名（特に選定した場合のみ存在）

2.4.1　記載の位置

タイトル標目指示に続いてつぎのように記載する。

al．ロラン，ロマン　a2．カタヤマ，トシヒコ

2.5　著者標目の記載

標目は，標目指示に示されたとおりに記載する。

記述の上部に（タテ第1線から）記載する。

2.6　参照（§23.6）

2.6.1　「を見よ参照」

著者名について一つの形や読みを統一標目としたとき，他の形や読みから統一標目へ導く，「を見よ参照」を用いる。

2.6.2　「をも見よ参照」

「をも見よ参照」は，つぎの場合に用いる。

ア）著作の内容によって2以上の名称を使い分けている著者について，それぞれの名称を標目としたとき，各標目相互間に用いる。（実例集35a）

イ）改姓改名した著者について，それぞれの名称を標目としたとき，それぞれの標目相互間に用いる。

ウ）名称を変更した団体について，それぞれの名称を標目としたとき，それぞれの標目相互間に用いる。

2.6.3　記述の上部に（タテ第1線から）記載する。

3.　統一タイトル（§26）

統一タイトルは任意規定であり，採用は個々の図書館の目録方針による。

3.0.1　目的

統一タイトルは，ある著作がさまざまなタイトルで刊行される場合，統一された著作名の下に目録記入を目録中の一か所に集中するために用いる。

3.0.2　適用範囲

統一タイトルは，無著者名古典，聖典および音楽作品の範囲内で適用する。

3.1　標目の選び方

3.1.0　通則

　　標目は参考資料等のなかから選ぶ。なお無著者名古典・聖典に関しては NCR の付録4「無著者名古典・聖典統一標目表」から選ぶ。

　　　＜無著者名古典統一標目の例＞

　　　　　東鑑　　　　　　　→吾妻鏡

　　　　　アラビアン・ナイト→センイチヤモノガタリ（千一夜物語）

　　　　　出雲の風土記　　　→イズモノクニフドキ（出雲国風土記）

　　　　　牛若物語　　　　　→ギケイキ（義経記）

　　　　　かぐや姫物語　　　→タケトリモノガタリ（竹取物語）

　　　　　在五中将物語　　　→イセモノガタリ（伊勢物語）

　　　　　治承物語　　　　　→ヘイケモノガタリ（平家物語）

　　　　　保元記　　　　　　→ホウゲンモノガタリ（保元物語）

3.2　標目の形

3.2.0　通則

　　標目は，わが国慣用の形か，一般によく知られている形を統一標目とする。

3.2.1　種類

　　標目の形に次の2種類がある。

　ア）統一タイトルを単独で用いる形（単独形）

　イ）著者名の下に統一タイトルを続けて用いる形（複合形）

3.2.2　付記事項

　　統一タイトルを他の統一タイトルと区別する必要があるときは，記述対象資料の言語名や音楽作品の演奏手段，作品番号，作品目録番号等を付記する。

3.3　標目の表し方

3.3.1　単独形

　　統一タイトルを単独で用いるときは，標目は片かなで表記し，そのタイトルに固有の文字を付記する。（3.1.0の例を参照）

3.3.2　複合形

著者名の下に統一タイトルを用いるときは，著者名に続く統一タイトルの標目は，そのタイトルに固有の文字で表記する。

「ああ無情　ヴィクトル　ユーゴ氏著」→ユーゴ，ヴィクトル

レ・ミゼラブル

ああ無情／ヴィクトル・ユーゴ著

3.4　統一タイトル標目指示

3.4.1　単独形

統一タイトルを単独で用いるときは，番号に「tu」を冠して，タイトル標目の最初の位置に指示する。

3.4.2　複合形

著者名の下に統一タイトルを用いるときは，番号「au」を冠して，著者標目の最初の位置に指示する。

3.4.3　記載の位置

記述の下部に記載する。（→　1.4.1）

3.5　統一タイトル標目の記載方法

標目は，標目指示に示されたとおりに記載する。

3.5.1　記載の位置

記述の上部に（タテ第1線から）記載する。ただし複合形の場合は，3.3.2の例を見よ。

3.6　参照

3.6.1　統一タイトルが本タイトルと同一のとき

統一タイトルが記述対象資料の本タイトルと同一のときは，統一タイトルの標目は省略する。

3.6.2　統一タイトルが本タイトルと異なるとき

統一タイトルが記述対象資料の本タイトルと異なるときは，本タイトルの標目は統一タイトルへの参照とする。

第Ⅴ章　主題からの検索　2
—主 題 目 録—

　主題からの検索は書架分類によって一応可能であるが，厳密な主題検索のためには主題目録が必要である。主題目録には，分類目録と件名目録があるが，一図書館で二つの主題目録を併有することが望ましいが，図書館の種類，利用者等を考慮して，いずれか一つを備えるとよいと一般にはいわれてきた。しかし，コンピュータ目録においては，この両方の目録を備えることもできるようになっている。

1.　件名目録と分類目録（実例集39，40）

件　名　目　録	分　類　目　録
〈長所〉	〈短所〉
1.　求める主題を表す言葉で，直接的に検索が可能である。	1.　分類標目の記号は，自明ではなく間接的で，かつ抽象的で理解しにくい。
2.　検索は，標目の意味さえ理解すればよい。	2.　検索には，分類体系の理解が必要。
3.　特定主題は観点が異なっても記入は集中する。 　　ロマン主義（美術） 　　ロマン主義（文学）	3.　特定主題でも観点が異なれば，記入は分散する。 　　美術上のロマン主義　702.06 　　文学上のロマン主義　902.06
4.　著者記入，タイトル記入と混配が可能である。	4.　他の記入と混配できない。
〈短所〉	〈長所〉
1.　配列が体系的でない。	1.　配列が論理的・体系的である。
2.　関連主題が分散する。	2.　関連主題が集中する。
3.　用語に左右され，件名参照にひきまわされることがある。	3.　用語に左右されない。

2.　件名目録

資料を主題から検索するための目録で，資料の主題または形式を表すコトバ（件名）を標目とする記入を，標目の音順に配列したものである。

2.1　件名標目

件名には，資料の主題または形式を表す言葉があるが，言葉には同一主題を表現する同意語・類語があり，タイトルに使用されている言葉をそのまま件名として使用した場合は，同一主題でも分散することがある。

（タイトル）	（タイトル中の主題語）
本の文化史	本
書物の歴史	書物
図書の歴史	図書

そのために，言葉を一定の典拠（件名標目表）によって，統一ある形としたものが件名標目である。

2.2　件名標目表

件名標目および参照を一定の順序に配列した一覧表である。件名目録の作成には欠くことのできないツールである。

〈主要件名標目表〉

① 　基本件名標目表　日本図書館協会編・発行　1956，第 4 版　1999

② 　中学・高校件名標目表　全国学校図書館協議会編・発行　1984，第 3 版 1999

③ 　小学校件名標目表　全国学校図書館協議会編・発行　1985，第 2 版 2004

④ 　国立国会図書館件名標目表　同館編・発行　1964，2005 年より PDF 形式，2010 年からは Web 版

2.3　基本件名標目表第 4 版（1999）（Basic Subject Headings, 4ed.：BSH4）

2 刷：2000　（付　資料 5 〜 7）

音順標目表と分類記号順標目表（初刷は旧第3版に倣って分類体系順標目表と称していた）・階層構造標目表の3部2冊構成。

わが国の公共，高等学校図書館等が扱う資料の主題を網羅することを図り件名標目（標目数7,847＜第3版：4,270＞，参照語2,873，説明つき参照93，細目169）を収録。

＜音順標目表＞

2.3.1　収録された件名標目の範囲

すべての件名標目を標目表に収録すると膨大なページになるため，基礎的な件名標目を中心に収録し，つぎのような省略を行っている。

1)　例示的件名標目群（例に挙がっていないものは各館において補充する）

例示さえあれば類推できる件名標目群は一，二の例示にとどめて，他は省略している。以下は主な群を示した。

宗教の宗派名・教派名	真宗．カトリック教など
歴史上の事件名	一向一揆．ロシア革命など
植物分類の門・綱・目の名称	顕花植物．こけ植物など
動物分類の門・綱・目の名称	脊椎動物．鳥類など
人体の器官・部位名	呼吸器．心臓など
金属名	アルミニウム．金など
職業名・学者を表す名称	弁護士．哲学者など
楽器名	バイオリン．ピアノなど
スポーツ名	テニス．野球など
言語名	英語．日本語など
芸術・文学上の流派・主義名	ロマン主義（美術）など

2)　固有名詞件名標目群（原則として採録を省略した件名標目）

固有名詞やそれに準ずる個別的な件名標目は，表し方の例を挙げる程度で省略。個人名，団体名，地名（都道府県名，日本の地方名，郡市区町村名，外国の都市名など），件名標目としての著作名など。

2.3.2　標目の表現形式

1) 常用語優先の原則　　例：英語（「イギリス語」ではなく）．交響楽（「シンフォニー」ではなく）

2) 名詞の結合形

　① 複合語・熟語　　例：火災保険

　② 複合語標目　　例：官公庁．計測・計測器

　③ 「と」で結ぶ表現　　例：宗教と科学

3) （　）を付記する形

　① 転置　　例：図書館（公共）

　② 意味の限定　　例：ロマン主義（美術）．ロマン主義（文学）

4) 形式標目　　例：人名辞典．世界地図．年鑑など

5) 地名の関与する件名標目の表現

　地名が形容詞として用いられ，これに続く主題と切り離すことができないものは，つぎの例のように地名を冠する形で表す。

哲学	ドイツ哲学．ロシア・ソビエト哲学
思想	日本思想
歴史	世界史．東洋史．西洋史
各国人	中国人（外国在留）
民族	スラブ民族
言語	フランス語．ロシア語
文学	英文学．ロシア・ソビエト文学
美術	フランス美術．イタリア美術
絵画	日本画．中国画
彫刻	ギリシア彫刻
建築	日本建築
舞踊	日本舞踊

6) 細目を用いる表現

　細目は主標目の範囲を限定するために用い「主標目─細目」の形で表す。

　① 一般細目

　　各標目のもとで共通に使用する細目

—エッセイ	—辞典	—書誌	—年鑑	—名簿
—学習書	—写真集	—随筆	—判例	—用語集
—研究法	—条例・規則	—図鑑	—文献探索	—歴史
—索引	—資料集	—伝記	—便覧	—歴史—史料
—雑誌	—抄録	—統計書	—法令	—歴史—年表

例：図書館—年鑑.　日本文学—歴史

② 地名のもとの主題細目

特定地域の主題を取り扱ったもののうち，地域性の比較的強い主題は，「地名—主題」の形で表す。地理的，歴史的，社会的，政治的な事情を表すもの。

—紀行・案内記	—商業	—地図
—教育	—人口	—地理
—行政	—政治	—農業
—経済	—対外関係	—風俗
—工業	—対外関係—（相手国）	貿易
—国防（国名のもとに）	—地域研究	—貿易—（相手国）
—産業		

例：日本—対外関係—中国　ロンドン—紀行・案内記.　名古屋市—地図

③ 地名細目

上記②以外のすべての主題について，必要に応じて，主題を主標目とし，そのもとに地名を細目として用いて表すことができる。

例：資本主義—日本.　天然記念物—京都府.　演劇—中国.　映画—フランス

④ 言語細目

言語名を表す件名標目のもとに使用する。

—音韻	—辞典	—読本	—方言—（地方名）
—解釈	—熟語	—発音	—略語
—会話	—書簡文	—反対語	—類語
—語源	—俗語	—表記法	＊ほか35細目
—作文	—単語	—文法	（第4版で追加あり）

例：英語—文法.　日本語—方言

⑤　時代細目

歴史を表す標目・細目のもとを時代で限定する場合に用いる。

細目に用いる時代名は，主題または地域により異なるので，音順標目表中の各主題または各地域のもとに年代順に示されている。

⑥　分野ごとの共通細目

特定の分野で共通に使用する細目。

> 例：仏教─教義.　アメリカ文学─作家.　日本画─画集.　化学─定数表.
>
> 　　植物─分布

⑦　特殊細目

一定範囲の主題内のみで用いる細目。

特殊細目はすべて各標目のもとに示されている。

> 例：経済学─古典学派

2.3.3　BSH の参照

各参照語のもとに，→印の後に参照先の件名標目を表示している。

1)　直接参照（を見よ参照）

音順標目表において，採択した件名標目に対して，件名標目としなかった同義語・類語から案内する参照語が設けられた。

参照先の件名標目のもとには，「を見よ参照あり」を UF という記号（2.3.5 参照）で示される。

> 例：欧州統合　→　ヨーロッパ統合
>
> 　　ヨーロッパ統合　UF：欧州統合

2)　連結参照（をも見よ参照）

ある件名標目に関連した件名標目がある場合，その関係の深い件名標目へ関連を示す連結参照がつけられた。

連結参照は，各件名標目のもとに表示するほか，付　資料 10 に示した階層構造標目表により，直近上位の標目（BT），直近下位の標目（NT）のいずれもわかるようになっている。（記号については，2.3.5 参照）

なお，階層構造標目表の最上位標目（TT）とその配列順位を示す番号

が各件名標目のもとに示され，階層構造標目表における位置を参照できるようになっている。（ただし最上位標目自体では，この表示は省略）

表示は，最上位標目（TT），上位標目（BT），下位標目（NT）の順。

例：人工衛星

TT：宇宙工学 11

BT：宇宙工学

NT：科学衛星．気象衛星．軍事衛星．通信衛星

検索にあたって連想される上位，下位の関係とは異なる関連標目間には，相互に関連参照（RT）が示されている。表示の順は NT のあと。

例：エッセイ　RT：随筆

随筆　　　RT：エッセイ

3）　参照注記

参照する下位の件名標目が多数で，例示・省略件名標目群に属する場合には，参照注記（SA）でその旨を説明している。表示の順は RT のあと。

例：作家

SA：個々の作家名（例：島崎藤村）も件名標目となる。

2.3.4　BSH による件名作業のための指示

1）　限定注記

件名標目の採用にあたって留意すべきことが，その件名標目のもとに限定注記（SN）として示されている。

例：宇宙船

SN：この件名標目は，軌道をもたず宇宙を航行する飛行体にあたえる。

2）　説明つき参照

しばしば表れる主題，または出版形式について，その取扱いを示してある。その説明のなかに例示として示す件名標目は，ゴシック体で表している。説明つき参照には，《　》の記号が用いられる。

2.3.5　BSH の記号

BSH 第 4 版では，下記の記号を用いる。右側はその略語の完全形。

《　》	説明つき参照を示す名辞	
［　］	細目を示す名辞	
〈　〉	細目種別	
〔　〕	ヨミ（難読の場合など）	
→	直接参照（を見よ参照）	
SN	限定注記	Scope Note
UF	直接参照あり（を見よ参照あり）	Used For
TT	最上位標目	Top Term
BT	上位標目	Broader Term
NT	下位標目	Narrower Term
RT	関連標目	Related Term
SA	参照注記	See Also
＊	第 3 版にもあった標目	
⑧	NDC 新訂 8 版分類記号	
⑨	NDC 新訂 9 版分類記号	
；	複数の分類記号の区切り	

TT・BT・NT・RT は連結参照（をも見よ参照）

2.3.6　国名標目表

国名を件名標目または地理区分に用いる場合の形式を示すもの。件名標目の性格上，一部 NCR の国名標目と異なるものがある。

（抜粋）　BSH 第 4 版（1999）　　（参考）NCR1987 年版改訂 3 版

韓国	大韓民国
中国	中華人民共和国
朝鮮（北）	朝鮮民主主義人民共和国

＜分類記号順標目表＞（→付　資料 6）（このタイトルは 2 刷以後のもの）

　　NDC 新訂 9 版（当時）の分類記号順に，BSH で採択されたすべての件名標目を与え，別冊として編集されている。この第 4 版初刷のタイトルは「分類体系順標目表」（第 3 版のそれと同じ）であった。

　　この表は，つぎの役割をもっている。

1.　　分類作業と並行して同一分野の件名標目が通覧でき，最適の標目を選びやすくする。

2.　　新しい件名を追加する必要がある場合，その体系上の位置づけの確認や連結参照（BT，NT，RT）の設定に役立つ。

＜階層構造標目表＞（→付　資料 7）

　　この表は，音順標目表において各件名標目のもとに示した関連標目への連結参照（NT）を整理し，階層的に関連主題の件名標目を通覧できるように編成したものである。つぎのように編成されている。

　　第 1 位にある件名標目（最上位標目＝248 標目）から，第 2 位以下の各下位標目が付されている。下位標目からは，連結参照（BT）が付けられていることを示している。

　　階層は 6 階層を越えないように配慮している。

　　階層構造標目表は，分類記号順標目表とともに，各主題分野においてどのような件名標目が表中に採録されているかを知ることによって，最適の件名標目を選択することに役立つと同時に，各図書館が，この件名標目表に採録されていない件名標目を追加使用する場合に

　　①　　その主題が属する分野中で，どのような階層的な位置にあるかを知る。

　　②　　同一分野の類似の件名標目を見ることで，適切な表現形式を選ぶ際の参考にする。

ことに役立てるのを，その目的としている。

　　第 4 版で新設された表である。

2.4　件名作業

　個々の資料に対して，その内容に即した件名標目を与える作業をいう。

　BSH 第 4 版の件名規程に基づき，説明する。

2.4.1　件名作業の手順

⑴　件名標目表の理解（本書では BSH 第 4 版とする）

　ⅰ）収録された件名標目の範囲

　ⅱ）標目の形式

　ⅲ）参照の付け方

⑵　件名規程の理解（一般・特殊件名規程）

⑶　内容（主題）の把握

　　分類作業における「内容の把握」と同様

⑷　最適の件名標目の選定

⑸　件名標目を標目指示（またはトレーシング）の位置に記載

2.4.2　件名標目の選び方（一般件名規程）

　件名標目表に従って，件名標目を付与するうえで首尾一貫して守るべき指針が件名規程で，一般的に適用されるものを一般件名規程という。

1)　個々の資料の主題を適切に表現する件名標目を選んで，その資料に対する目録記入に与える。

2)　主題が明らかな資料，特定の出版形式をもって編集された資料，および多数人の文学作品，芸術作品の集成に対しては，件名標目を与える。

3)　件名標目は，その資料が取り扱っている主題および表現形式の数に応じて，必要な数だけ与えることができる。

4)　利用上必要な場合には，資料全体に対する件名標目とともに，資料の一部分を対象とする件名標目を与えることができる。

5)　各種の細目は，主標目の範囲を限定し特殊化するために用いる。

6)　細目は必要なとき主標目のもとに段階的に重ねて用いることができる。

7)　特定の人物，団体，事物，地域，著作などについて記述した資料には，その固有名を件名標目として与える。

2.4.3　件名標目指示

1)　件名標目の形式

①　件名標目表に定められた標目の形を，標目表の文字で記載する。

図書館―歴史

②　人名，団体名，著作名などの固有名は，タイトル標目・著者標目の形式に準じて片かなで記載し，当該標目の固有の文字を付記する。

フクザワ，ユキチ（福沢諭吉）

ヘイケモノガタリ（平家物語）

2)　件名標目指示の記載位置

著者標目指示に続いて（著者標目がないときはタイトル標目のあと，つぎのように記載する。

例）『痛風が気になる人の食事』日本放送協会発行

t1.　ツウフウ　ガ　キニナルヒト　ノ　ショクジ　s1. 痛風. s2. 食事療法

3)　件名標目指示の記載順序

一般件名，固有名の順。それぞれのなかは主な主題，副次的な主題の順。

例）『直腸切断　あるガン患者の戦い』寺田健一郎

s1.　大腸癌　s2. テラダ，ケンイチロウ（寺田健一郎）

2.4.4　件名標目の記載

1)　件名標目の〔標目欄での〕表し方

①　カード目録の場合，片かなで記載し，これに該当する漢字を付記する。

トショカン―レキシ（図書館―歴史）

②　固有名は，標目指示に示されたとおりに記載する。

2)　件名標目の〔標目欄での〕記載位置

カード目録の場合，記載の上部に（タテ第1線から）記載する。コンピュータ目録では標目を上部に加記することはしない。

2.4.5　件名標目の管理

1）　使用済み件名標目の記録

　　件名作業には，次の三つの工程がある。①受け入れた個々の資料に適切な件名標目を与える。②与えた件名標目を記録し，その維持・統一を図る。③利用者の検索の便宜を図るための参照を作成する。

　　件名目録は，適切に管理しなければ，同一主題に異なる件名標目を与えたり，同種の主題の表現形式に不統一を生じる。

　　とくに，BSH 第 4 版の具体項目のうち，それぞれの図書館で使用している件名標目については，出典などの情報とともに管理する。使用した件名標目と参照については，件名典拠ファイルに記録しておく。

2）　件名典拠ファイル

　　件名典拠ファイル（実例集 36 b）は，その機関が編成する件名目録に使用している件名標目と参照語の記録である。個々の記録には，件名標目と直接参照，連結参照を記録する。標目についてはその採用にあたって使用した典拠資料，最初に使用した資料，採用した日付などを記録しておく。

　　件名典拠ファイルの編成・維持には，件名標目表（冊子型）を利用する方法と，コンピュータ・ファイルを用いる方法がある。さらに，この二つを組み合わせて複合的に利用する方法もある。

　　該当する件名標目を与えた目録記入の本体である資料がすべて図書館から除去されたときは，件名記入と関連する参照を除去する。

2.5 中学・高校件名標目表 第3版 (1999)（付 資料8）

全国学校図書館協議会（全国SLA）件名標目表委員会編。中学校および高等学校の図書館において，件名目録を作成する際の典拠となることを目的とした件名標目表である。件名標目の採否の決定はつぎの基準による。

1) 教科学習に利用する資料を検索するのに必要な用語を選ぶ。

2) 生徒の自主的な研究や調査に役立つ資料の検索に必要な用語を選ぶ。

3) 生徒の日常生活や趣味などに関わりのある資料を検索するのに必要な用語を選ぶ。

同標目表の構成は，「音順件名標目表」と「分類順件名標目表」とからなる。

2.5.1 特色

同件名標目表は，中学校・高等学校の生徒の学習に合わせるよう図っている。その件名標目は，教科書に取り上げられているコトバに重点がおかれ，標目の表現形式も生徒が理解しやすい単純かつ簡明なものとなっている。

2.5.2 細目と区分

同件名標目表で設けた細目および区分は以下のとおり。

1) 形式細目

件名標目を叙述や出版の形式により細分し，主題の範囲を限定するための細目である。原則として，どの件名標目にも適用することができる。形式細目にはつぎのものがある。

学習法，索引，辞典，写真集，随筆，図鑑，伝記，統計，年鑑，年表，歴史

例 英語 —— 学習法 経済学 —— 辞典 日本 —— 統計

表中に一部，主題を表す言葉と形式細目を統合して一語にしたものがある。

例 古語辞典 植物図鑑 日本史

2) 地名のもとの主題区分

特に地域性の強い主題については地名を件名標目とし，そのなかを主題

で細分する。対象となる主題はつぎのとおり。

遺跡・遺物，紀行，経済，史蹟・名勝，政治，外交，探検，地図，地理，風俗，旅行案内

例　九州地方 ―― 風俗　　中国 ―― 外交　　フランス ―― 紀行

3)　地理区分

地域や国を限定して主題を扱ったもので，地域や国ごとにグループ化を図るために用いる。表中の適用できる件名標目に＊印を付して"地理区分"と指示している。

例　年中行事　＊地理区分　→　年中行事 ―― 東京都

4)　時代区分

時代を限定して特定主題を扱ったものを，時代ごとにグループ化を図るために用いる。つぎの件名標目に限定し，表中に区分を掲げている。

アジア史，世界史，中国史，日本史，日本美術史，日本文学史，ヨーロッパ史

例　中国史 ―― 唐時代　　日本文学史 ―― 昭和時代 ―― 1945 年以後

このほかにも，ドイツ史，ロシア史については，国の体制に変化があったので，それぞれつぎのように設けている。

例　ドイツ史 ―― 1990 年以後　　ロシア史 ―― 1991 年以後

5)　言語細目

特定の言語に関するものを扱ったものに対して，その主題によりグループ化を図るために用いる。ただし日本語の場合は，言語細目を使用せず，言語に関する件名標目を直接与える。

6)　特殊細目

細目のうち，特定の件名標目にのみ適用されるもの，あるいは同類の件名標目のもとでのみ共通に適用されるもの。同件名標目表では，言語細目以外は設けていない。

2.6 小学校件名標目表 第2版（2004）

全国学校図書館協議会（全国SLA）件名標目表委員会編。小学校の図書館において，件名目録を作成する典拠となることを目的としている。編集にあたってはつぎの3つを基本方針としている。

1) 小学校の図書館で広く必要とすると考えられる件名を収集することにより，その範囲を明らかにする。
2) 個々の件名標目は，できるだけ児童に親しみやすいコトバで表す。
3) 件名標目相互間の関連づけを図る。

同表の構成は「音順件名標目表」と「分類順件名標目表」からなる。

2.6.1 特色

同件名標目表は，小学校における学習活動を中心に，児童が関心，興味，生活上の必要などから資料を検索できるよう図っている。教科書や事典類に在るコトバや児童図書の出版傾向，社会の動向にも配慮している。

2.6.2 細目

細目は「形式細目」「地理細目」「地名のもとの主題細目」の3種からなる。

1) 形式細目

ある件名を与えた資料群をさらに叙述あるいは出版の形式で細分し，小グループ化を図ることが検索に便利な場合に用いる。つぎの四つがある。

辞典，図鑑，伝記，歴史

例 外来語—辞典　植物—図鑑　音楽家—伝記　美術—歴史

なお，「辞典」「歴史」については，一部に件名標目と形式細目を統合して一語にしたものがある。

例 英和辞典　国語辞典　人名辞典　世界史　日本史

2) 地理細目

地域限定のもので，地域ごとにグループ化を図るために用いる。

例 地形—滋賀県　旅行記—松江市　生物—アフリカ

3)　地名のもとの主題細目

　　特に地域性の高い主題を扱ったものに用いられる。つぎの二つがある。

　　産業，風俗習慣

　　　例　日本―産業　　愛媛県―風俗習慣

3.　分類目録

　資料を主題から体系的に検索するための目録で，分類記号を標目とする記入を，分類記号順に配列したもの。この関係の分類を書誌分類ともいう。書架分類とは別の分類表を用いてもよい。分類目録では，書架分類の記号をより詳細に展開する形がとられる。なお分類目録には，分類標目の内容を示す名辞（コトバ）で検索する件名索引を備える必要がある。（事例集40）

3.1　分類標目

　資料の主題または形式を記号で表す分類記号を，記入の標目としたもの。分類記号に固有名を付加したものを含めていうこともある。

3.1.1　分類標目の記載と選定

1)　分類標目は，記述の上部に，分類表に用いられている記号を記載する。分類標目の選定にあたっては，その資料の主題または形式に最適の分類記号を与える。

2)　その資料の全体または一部分の主題を対象に，その図書館の方針によって必要な数を与える。

3.1.2　分類標目指示

　分類標目指示は，件名標目指示のつぎに記載する。分類標目が多い場合は，主な主題，副次的な主題の順とする。それぞれ分類記号の前に番号を付し，その番号を「○」で囲む。

　　　例　①910.26　②210.268

3.2 件名索引（事項索引）（事例集 37）

　主題を表すコトバから，対応する分類記号を調べるための一種の参照カードで，分類目録の機能を支えるものである。分類表の相関索引と類似しているが，つぎの点で異なる。したがって分類表（たとえば NDC 新訂 10 版）の相関索引をもってこの"件名索引"の代用とすることは適当でない。

① 件名索引は，その図書館が所蔵する資料の主題についてのみ作成する。

② 件名索引の分類記号は，図書館が決定した分類の精粗などが調整されている。

第Ⅵ章　目録システムの設計，管理，運営（目録編成）

1.　概要

　図書館法によれば，図書館における情報，資料関係の作業には，目録記入の作成など整理業務だけでなく，その収集・保存に関する収集業務がある[1]。コンピュータの活用が進む以前，この両者は別個の業務だった。収集業務における発注伝票には，簡略な書誌事項および事務事項が記され，入荷後は登録・保存作業として図書原簿に，受入登録番号ほかの会計事項とともに簡略な書誌事項が記録された。利用者用の目録記入作成作業はそれらとは別に詳細な書誌事項記録中心に行われ，受入登録番号と所在記号を記すことで，登録・保存関係事項との連携を図る形が多用された。

　しかしコンピュータによる管理が実現すると，資料に関する情報は一括できるようになった。従来別々だった会計関係のデータと目録用の書誌データが関係づけられ，前者の関係事項は目録データと一体のものとなった。さらにこれらの書誌データは，資料貸出業務関係においても活用できる。

　コンピュータ目録の出力画面は多くの情報を表示できるから，上記の諸データは目録利用者用画面にも技術上表しうる。ただ，資料の入手方法，評価額などの会計情報は蔵書の検索には必要でない。また通常，資料貸出業務用のデータは目録用データとは別に運用される。

　目録検索に必要な内容に限定して表示すべきデータを精査する。それによって，目録検索面で視認性[2]のよい出力画面を実現，提示することができる。

　以下，利用者用コンピュータ目録（OPAC）の設計・運用上考慮すべき点を検討する。なおこの種一連の作業工程を，目録編成と表現することがある。

2.　目録システム関係で考慮したい具体的事項

　図書館の各種業務に使用されるシステムは，ソフトウェア会社より提供されているパッケージシステムを使用するのが通常である。パッケージシステムに

は受入，目録，閲覧などの業務システム以外に OPAC も標準機能として含まれており，各館はこれをベースにして必要な変更（カスタマイズ）を加えて運用する。システムの構築は，標準で備えられている機能とそうでない機能を把握し，利用者にとって必要な機能や情報が何かを理解したうえで進める必要がある。以下，その場合の検討に必要な点をいくつか挙げる。

2.1　システム

1)　サーバーの性能

　蔵書数や年間受入冊数，予想される同時アクセス数などをもとに，サーバーに必要な処理能力を算定する。

2)　クライアントコンピュータの台数

　業務量や利用者数などをもとに，利用者用コンピュータ機器の必要台数を算定する。

3)　ネットワーク

　大規模図書館では同時アクセス数や扱うデータ量も多くなる。そのため帯域をある程度確保しておかないと待ち時間が長くなり，利用者の不満の原因となりやすい。

2.2　目録データ

1)　提供するデータの範囲

　すでに除籍された資料や行方不明の資料は検索できても利用することができないため，OPAC での検索対象から除外しておく。また，学校図書館などの場合，学内利用に限定された資料については学内からのアクセスの場合のみ公開し，学外からのアクセスを受け付けないように設定する場合もある。

2)　遡及入力

　コンピュータが導入される前に受け入れた資料を OPAC で検索可能にするためには，それらの資料の目録データを遡及入力する必要がある。遡及入力されていない資料については OPAC で検索することができないた

め，遡及入力が終了するまでカード目録等の検索手段を確保しておくことが望ましい。蔵書数が多い図書館では一気に遡及入力することが予算や作業量の関係から困難なため，優先順位をつけて計画的に行う必要がある。

2.3　検索用インターフェースとインデックス

1)　図書館ウェブサイトのなかの位置づけ

　　OPAC を利用する際，以前は図書館のウェブサイトのメニューを選んで検索画面に移行しなければならなかった。最近では，トップページに蔵書検索窓（検索用キーワード入力フィールドと検索実行ボタンで構成されている場合が多い。）を表示させ，検索画面がどこにあるか利用者が探す必要がないようにしているシステムが主流となっている。

2)　インターフェース上の検索画面

　　OPAC のインターフェース（入出力部分）を，簡略画面（検索エンジンによくみられる検索用キーワード入力フィールドが一つだけの画面）と詳細画面の両方を切り替えて使用できるようにしているシステムが多い。詳細画面もあらかじめ項目ごとに検索用キーワード入力フィールドを用意しているシステムと，どの項目で検索するかをプルダウンメニュー（pull-down menu）で選択できるシステムがある。検索可能な項目の種類が多い場合は，プルダウンメニューを使用する方がすっきりとしたインターフェースを設計しやすい。

3)　アカウントの設定

　　利用者個別に与えられたアカウント（利用者番号）でログインすることにより，検索履歴等を確認することが可能になる。その場合，認証用のシステムが必要となるが，図書館内で認証を行う場合は，そのためのシステムをあらかじめ用意しておく必要がある（学校図書館や大学図書館などで，学校全体の認証システムを使用する場合は不要である。）。

4)　検索語の入力方法

　　大学や研究所などの図書館においては，標準的なキーボードによる入力（ローマ字入力，かな入力）による場合がほとんどだが，公共図書館や学

校図書館などキーボード操作に慣れていない利用者が想定される場合は，タッチパネルなどキーボードによらない入力方法を提供することも有効である。

5) 検索用インデックス

タイトルや著者名などさまざまな項目に含まれる情報で検索するためには，検索に必要な情報がインデックス化されてインデックスファイルに格納されている必要がある。インデックスの対象となるデータについては，タイトルや著者名，出版者，出版年などは標準で対応しているが，パッケージシステムが標準的に対応していない項目を検索項目とするためにはカスタマイズが必要である。また，タイトルの一部をキーワードとして切り出し検査するために，システム内の辞書等が利用される場合が多い。さらに，検索キーとして入力したキーワードの同義語や異体字（経済と經濟，渡辺と渡邉など）を含めた検索も，この辞書を介してサポートされている。したがって，あらかじめパッケージシステムで利用可能な辞書の内容（どのような語彙が含まれているか，語彙の追加やメンテナンスの方法など）を把握しておくことが重要である。

6) 他の図書館 OPAC との連携

自館の蔵書だけではなく，他の図書館の蔵書についても同時に検索する機能（横断検索）をとり入れている図書館も多い。

2.4 検索結果表示画面

1) 配列

複数の資料がヒットした場合にどのような順序で一覧表示が行われるか。OPAC においては，出版年順（あるいは新しいもの順）やタイトル順などの方法が考えられる。利用者の要望に応じて複数の配列順序から適切なものを選択できるようにしておくとよいだろう。

2) 表示件数

検索結果の表示画面で一度に多数表示されると，視認性[2]は悪くなる。一方，表示件数を少なくすると，検索結果の件数が多い場合に画面の切替

を何度も行う必要が生じ，手間がかかる。検索結果の状況に応じて表示件数を切替できることが望ましい。

3)　インターフェースの画面設計

　検索結果を利用者が一瞥して，どこに何の情報が表示されているか分かりやすい表示画面にすること。蔵書検索では，システムでもっているすべての情報を表示させる必要はない。利用者が求める資料にたどり着くために必要な情報は何か，取捨選択して視認性のよいレイアウトを設計する。また，所在情報のなかの配架場所と連動させて館内地図を表示させると，書架への誘導が容易となる。

2.5　その他

1)　検索結果の出力

　館内にプリンターを設置しておくことが望ましい。利用者が検索結果画面をプリントアウトして持ち運ぶことが可能になる。メモを取らずに書架探索でき，またカウンターに書庫出納の依頼をする際にも便利である。

2)　検索マニュアルの整備

　インターフェースの設計が適切であれば，基本的に利用者用マニュアルは必要ないと思われるが，より高度な検索方法を備えたOPACも存在することから，検索方法や表示内容についてのマニュアルを整備しておくことが望ましい。なお，マニュアルには冊子形態のものとオンライン形態のものがあるが，OPACは館内だけではなく外部からインターネットを経由して利用されることも多いため，Web上で利用できるものを用意しておくことが望ましい。

3.　配列規則

3.1　概要

　NCR1987年版改訂3版においては「第Ⅲ部　排列」で扱われている。こうした事項は"目録編成"の狭義の概念でもあった。この規定はカード目録の配列を想定していた。カード目録の場合，図書館員がカードを配列する際に，正

確な場所に配列するためのルールを必要としたため，目録規則に規定が設けられていた。一方，コンピュータ目録では書誌データは自動的に配列される。そうなると配列の規定は必要ないように思えるが，書誌データの検索結果一覧の表示順序を図書館員が理解し，図書館利用者からこの関係の質問があった場合に回答するためのツールとして今日でも有用と考えられる。

3.2　和資料における配列原則

以下はNCR1987年版改訂3版の第III部による。

1)　配列の原則は，「無は有に先行する」。

2)　文字を単位として1字ごとに配列する字順（letter by letter）を原則とする。なお，人名の姓と名は，それぞれを一つの単位とする。

3)　同音の語で異なる文字が使用されている場合は，片かな，ひらがな，漢字（画数順），ローマ字（アルファベット順）の順とする。

4)　かなは五十音順に配列し，濁音，半濁音は清音として，拗音，促音を表す小字は直音として配列する。

5)　長音符は配列上無視する。

6)　句読点およびそれに類する記号は無視する。

7)　著者の配列は姓，名の順とする。（西洋人も）

3.3　洋資料における配列原則

以下は「ALA filing rules 1980」（ALA配列規則1980）による。

1)　配列の原則は，「無は有に先行する」。

2)　あるがままの表現でもって配列する（file-as-is）。

　　　　例：Dr. → dr

　　ちなみに従来の配列原則では，省略形はフルスペル（完全形）に直して配列を行っていた（file-as-if）。

　　　　例：Dr. → doctor

3)　ウムラウト，アクサンのような符号やハイフンは無視する。

　　　　例：Ökonomie → okonomie, société → societe

4)　本タイトルやシリーズタイトルの最初の冠詞は省略して配列する。

例：“A dog of Flanders” は “dog of Flanders” として配列される。

4．まとめ

　日本語は西洋の諸言語と比較して語ごとの分かち書きが安定していないため，そのままの状態では検索時にタイトル全体が一語として扱われる。そこで，タイトル中に含まれる語をキーワードとして検索できるよう，慣例に従って分かち書きを行うことが通常である（例：多摩の百年→タマノヒャクネン）。また，「は」や「の」といった助詞は，検索する際のキーワードとしてさほど有効性をもたないため，インデックスから除外するといった措置が採られる場合もある。

　NCR1987 年版改訂 3 版の第Ⅱ部「標目附則 1 片かな表記法」の「1.3　アルファベット」によると，アルファベットはその発音に従って仮名に変換して表記する。例として「PERT の知識」の「PERT」は「パート」と表記される。ただし，単に「パート」と表記されるとパートタイムの「パート」であると誤解されるおそれもある。「1.3　別法」を適用すれば，「そのままローマ字で表記する」とされていることから，前述のような誤解は防ぐことができる。公共図書館や学校図書館においては，利用者層を考慮すると外国語の原綴り表記を多用することが必ずしも使い勝手のよさにはつながらないであろう。

　通常，検索のためのインデックスの付与はコンピュータによって自動的に行われる。ただしコンピュータによるインデックスの付与が利用者の資料検索に合致するとは限らない場合もありうる。システムによっては図書館員の裁量でインデックス等の追加を行える部分が一定用意されていることから，目録システムの管理運営においては，それぞれの図書館において最善の方法は何か，といった視点をもつことが大切である。

注）

1)　図書館法（昭和 25.4.30　法律 118 号）第 3 条
2)　“目で見たときの見やすさ”（ウェブ制作用語辞典）

第Ⅶ章　目録の作成方法の変化

1.　目録作業の変遷

　従来の図書館では，各図書館で受け入れた資料の目録は受け入れた図書館において作成されるのがつねであった。しかし，同じ資料であるにもかかわらず受け入れた各図書館で目録を作成するのは非効率的でもあった。そこで，各図書館の負担を軽減すべく，目録の個別作成からの脱却が図られるようになった。

　現在の目録作業は，自館以外の外部の機関で作成された目録データを利用することが主流となっている。目録の作成方法は2種類に分けられる。一つは集中目録作業で，公共図書館や学校図書館で多く採用されている方式である。もう一つは共同目録作業で，こちらは大学や研究機関の図書館で多く採用されている。以下にそれぞれの特徴を述べる。

2.　集中目録作業

　特定の図書館が，他の図書館で利用されることを目的として，一括して目録作成を行う作業のことを，集中目録作業（centralized cataloging）と呼ぶ。集中目録作業の担い手としては各国の国立図書館が代表的であるが，わが国では出版物の取次業者や各種図書館業務をサポートする民間会社も参入している。

　集中目録作業は，当初印刷カードの配布という形式で始められた。アメリカ議会図書館（Library of Congress：LC）が1901年に世界で初めて印刷カードの頒布サービスを開始した。わが国においては，国立国会図書館（National Diet Library：NDL）が1950年に印刷カードの頒布サービスを開始している。

　印刷カードを使用することにより各図書館における目録作業の負担は軽減されたが，一方では問題も発生した。一番の問題点は図書が刊行されてから印刷カードが頒布されるまでのタイムラグが大きいことであった。国立国会図書館と比べて民間会社が提供する印刷カードはタイムラグが少なく，結果として民

間会社が提供する印刷カードを，公共図書館を中心に多くの図書館が利用するようになった。

　20世紀の後半になると，コンピュータが導入される図書館が増加し，図書館業務の機械化が推進された。目録作業も従来の目録カード作成からデータベースにレコードとして登録する形態に変化したのが機械可読目録（MAchine Readable Cataloging：MARC）と呼ばれるコンピュータで扱うことが可能な目録データである。アメリカ議会図書館では1969年よりMARCの配布が開始された。MARCが普及するに従って印刷カードを利用する図書館が次第に減少していき，1997年同館は印刷カードの配布を停止した。

　アメリカ議会図書館が頒布するMARCは当初LC/MARCと呼ばれていたが，その後アメリカだけではなく各国で使用されるようになったことからUS/MARCと改称された。その後，1999年にはカナダのCAN/MARCと統合し，MARC21となり現在に至っている。

　わが国においては，国立国会図書館から1981年4月より『日本全国書誌』の機械可読版としてJAPAN/MARCの配布が開始された。当初は独自のフォーマットを使用していたが，2012年より事実上の国際標準であるMARC21フォーマットで提供されるようになった[1]。提供頻度は週1回である。以前は発行からMARCへ収録されるまでのタイムラグの長さが問題とされていたが，徐々に改善され，現在では図書の刊行からおおむね1ヵ月以内となっている。2019年4月からは，営利・非営利を問わず国立国会図書館が作成した書誌データを申請なしに無償で利用できるようになった[2]。それに伴い，これまで有償で行われてきたJapan/MARCの配布サービスは，2019年度をもって終了することとなった[3]。

　国立国会図書館以外の民間会社においてもMARCは作成されており，代表的なものとして図書館流通センター（TRC）が提供しているTRC MARCがある。新刊図書の発売に合わせてMARCが作成されるなど迅速性に優れた点もあり，多くの公共図書館で採用されている。

3. 共同目録作業

　複数の図書館が目録を共有することを前提に，分担して目録作成を行う作業のことを，共同目録作業（co-operative cataloging）と呼ぶ。分担して目録作業を行うという観点から，分担目録作業（shared cataloging）とも呼ばれる。共同目録作業は共通のデータベース上での作業が前提となるので，各図書館はネットワークを通じてデータベースにアクセスできる環境が必要となる。

　各図書館は自館で必要な目録データを共通のデータベースで検索する。必要な目録データが既にデータベース上に作成されていれば，その目録データを利用することができる。もしもまだ作成されていなければ，新たに目録データを作成する必要があるが，従来のように自館で受け入れるすべての資料についての目録データを作成する必要はなくなるので，目録作業の負担は軽減される。軽減の効果は，共同目録作業に参加する図書館の数が多ければ多いほど高くなる。ただし，各図書館における目録作成に関する習熟度のレベルが必ずしも一定でないこともあり，集中目録作業と比べて作成された目録データの品質を確保することがむずかしいという課題もある。

　各図書館は，共通のデータベース上で作成された目録データを，それぞれの図書館のデータベースに取り込むことによって各図書館の蔵書目録を構築することができる。このデータは資産管理や資料の貸出・返却などの利用者サービス，蔵書検索（Online Public Access Catalog：OPAC）など，さまざまな方面で活用することができる。一方，共通のデータベース上でも自館の所蔵データを登録することによって，それぞれの参加館がどのような資料を所蔵しているかという所蔵状況が一覧できるようになる。このような複数の図書館の所在情報を含む目録を総合目録と呼ぶ。共同目録作業がまだ行われなかった時代，総合目録の作成には各図書館の蔵書目録を合体させて配列する必要があり，膨大な手間と時間がかかっていたが，共同目録作業方式を採用することによって，手間をかけることなく総合目録の構築が可能となった。総合目録は自館以外の所蔵状況が確認できるため，図書館間の相互利用などに活用されている。

　共同目録作業は共通のデータベース上で行われるため，データベースの維持管理が重要である。各図書館がこのデータベースを維持管理するのは現実的で

はなく，専門の機関がその役割を担うのが一般的である。そのような役割を担う機関は書誌ユーティリティ（bibliographic utility）と呼ばれている。書誌ユーティリティはデータベースの維持管理に加え，そこで構築された膨大な目録データを検索サービスや相互利用などさまざまな方面での活用を行っている。

　代表的な書誌ユーティリティとしては OCLC（Online Computer Library Center）が挙げられる。1960 年代にアメリカのオハイオ州で開始された。このサービスは，次第に対象地域や参加館を増やしていった。1999 年にはワシントン州の図書館が中心となって運営していた WLN（Western Library Network）を，2006 年にはアメリカの研究図書館が多く加盟していた RLG（Research Library Group）をそれぞれ経営統合し，現在では世界 170 か国／地域の 72,000 以上の機関が参加する巨大な組織に成長した[4]。

　わが国における代表的な書誌ユーティリティとしては，国立情報学研究所（National Institute of Informatics：NII）が挙げられる。1976 年に東京大学情報図書館学研究センターとして発足（1983 年に文献情報センターに改称）し，1986 年には東京大学から独立して学術情報センター（National Center for Science Information Systems：NACSIS）となり，2000 年に国立情報学研究所に改組され現在に至っている。オンラインによる共同目録作業を行うためのシステムである NACSIS-CAT は 1984 年から運用が開始され，2019 年 3 月 31 日現在で 1,337 の機関が参加している[5]。大学図書館が中心となるが，海外の機関も多く参加しており，日本語資料の目録作成に活用されている。また，NACSIS-CAT で構築された総合目録データベースは相互利用（NACSIS-ILL）やインターネットを通じての蔵書検索サービス（CiNii Books）など，さまざまな分野で活用されている。

注)

1)　NDL 書誌情報ニュースレター 2010 年 1 号（通号 12 号）
2)　NDL 書誌情報ニュースレター 2019 年 1 号（通号 48 号）
3)　文字・活字文化推進機構　http://www.mojikatsuji.or.jp/　「JAPAN/MARC 製品について」
4)　OCLC のご案内　http://www.kinokuniya.co.jp/03f/oclc/215978-japanese-brochure.pdf
5)　NACSIS-CAT 接続機関一覧
　　https://www.nii.ac.jp/CAT-ILL/archive/stats/cat/org.html

［MARC レコードの実例（JAPAN/MARC）］

24500　|6 880-01 |a 分類・目録法入門 : |b メディアの構成 / |c 木原通夫，志保田務 著.

250　　|a 新改訂第5版 / |b 志保田務，井上祐子，向畑久仁，中村静子 改訂.

260　　|6 880-02 |a 東京 : |b 第一法規，|c 2007.3.

300　　|a 182p ; |c 21cm ＋ |e 43p.

500　　|a 付属資料 : 43p : 目録記入実例集.

500　　|a NDC 新訂9版・NCR1987年版改訂3版・BSH4版準拠.

504　　|a 文献あり.

650 7　|6 880-03 |a 目録法 | 0 00573412 |2 ndlsh

650 7　|6 880-04 |a 図書分類 |0 00573383 |2 ndlsh

7001　|6 880-05 |a 木原，通夫. |d 1931-1993 |0 00111577

7001　|6 880-06 |a 志保田，務. |d 1937- |0 00070809

7001　|6 880-07 |a 井上，祐子. |c 図書館学 |0 00747854

7001　|6 880-08 |a 向畑，久仁 |0 00747855

88000　|6 245-01/$1 |a ブンルイ モクロクホウ ニュウモン : |b メディア ノ コウセイ.

88000　|6 245-01/（B |a Bunrui mokurokuho nyumon : |b Media no kosei.

880　　|6 260-02/$1 |b ダイイチ ホウキ.

880　　|6 260-02/（B |b Daiichi Hoki.

880 7　|6 650-03/（B |a Mokurokuho |0 00573412

880 7　|6 650-03/$1 |a モクロクホウ |0 00573412

880 7　|6 650-04/$1 |a トショブンルイ |0 00573383

880 7　|6 650-04/（B |a Toshobunrui |0 00573383

8801　|6 700-05/$1 |a キハラ，ミチオ. |d 1931-1993 |0 00111577

8801　|6 700-05/（B |a Kihara, Michio. |d 1931-1993 |0 00111577

8801　|6 700-06/（B |a Shihota, Tsutomu. |d 1937- |0 00070809

8801　|6 700-06/$1 |a シホタ，ツトム. |d 1937- |0 00070809

8801　|6 700-07/$1 |a イノウエ，ユウコ. |c トショカンガク |0 00747854

8801　|6 700-07/（B |a Inoue, Yuko. |c Toshokangaku |0 00747854

8801　|6 700-08/$1 |a ムコハタ，ヒサヒト |0 00747855

8801　|6 700-08/（B |a Mukohata, Hisahito |0 00747855

［総合目録データベースのレコードの実例］

<BA81468035>

GMD：SMD：YEAR：2007 CNTRY：ja TTLL：jpn TXTL：jpn

VOL：ISBN：9784474022928 PRICE：2000 円＋税

TR：分類・目録法入門：メディアの構成 / 木原通夫, 志保田務著 || ブンルイ モクロクホウ
　　ニュウモン：メディア ノ コウセイ

ED：新改訂第 5 版 / 志保田務［ほか］改訂

PUB：東京：第一法規 ，2007.3

PHYS：xi, 182p：挿図；21cm

VT：VT：分類目録法入門：メディアの構成 || ブンルイ モクロクホウ ニュウモン：メディア ノ
　　コウセイ

NOTE：NDC 新訂 9 版, NCR1987 年版改訂 3 版, BSH4 版準拠

NOTE：その他の改訂者：井上祐子, 向畑久仁, 中村静子

NOTE：改訂者のヨミは推定による

NOTE：別冊付録（43p；21cm）：目録記入実例集

NOTE：参考文献：p153

NOTE：第 2 刷（2008.4 発行）のページ数：xi, 183p（「参考文献」は p154）

NOTE：第 2 刷の「別冊付録」のページ付けは 44p

AL：木原, 通夫 (1931-) || キハラ, ミチオ <DA00069798>

AL：志保田, 務 (1937-) || シホタ, ツトム <DA00607619>

AL：井上, 祐子 || イノウエ, ユウコ

AL：向畑, 久仁 || ムコハタ, ヒサヒト

AL：中村, 静子 || ナカムラ, シズコ

CLS：NDC9：014.3

SH：BSH：図書分類法 || トショブンルイホウ //K

SH：BSH：図書目録法 || トショモクロクホウ //K

SH：NDLSH：図書分類 || トショブンルイ //K

第Ⅷ章　多様な学習環境と図書館メディアの構成

1.　学校図書館を取り巻く環境の変化

　1953年に成立した学校図書館法は，1997年に一部改正され，小規模校を除き2003年3月31日までに司書教諭を配置することを義務化した。さらに2014年の一部改正では，学校司書を置くよう努むべきことが規定された。学校図書館では，施設・設備の整備だけでなく，専門的業務を担う「人」の存在が重要である。

　近年，学校現場では教育の情報化に伴って電子黒板やタブレットなどの情報機器が導入され，児童・生徒が扱う学習コンテンツにおいても，これまで図書でしか得られなかった情報がCD-ROMやDVD等のパッケージ系メディアやインターネット上から入手できるようになった。こうしたことから，学校図書館が扱う対象は紙媒体だけでなく多様化し電子媒体に及んでいる。また授業も一斉授業に加え，グループで問題解決に取り組む"協働学習"として行われるようになってきた。学校図書館員はこのような環境の変化のなかで，収集する資料（メディア）について特性の理解や選定に新たな対応が迫られている。またそれらのメディア構成にも柔軟な対応が必要である。

2.　学習環境に応じた図書館メディアの構成
2.1　図書館資料とメディア

　学校図書館法第2条では，「図書，視聴覚教育の資料その他学校教育に必要な資料」を「図書館資料」と規定している。「学校図書館司書教諭講習規程」（2002年改正）において「学校図書館メディアの構成」という新科目が設けられたように，現在では「メディア」という語が定着している。

　学校図書館メディアには，図書，雑誌，新聞，ファイル資料などの印刷メディアだけでなく，視聴覚資料・電子資料などの非印刷メディアがある。パッケージ系メディアの場合，情報を収納する物体（キャリア）を伴うが，時代とと

もにその仕様や規格は変化するため，再生機器の見直し等が課題となる。非パッケージ系（Web系）では実体が手元にないため，特に情報の更新や情報自体の正確さ等に注意を要する。

2.2　学校図書館におけるメディアの収集

　学校図書館メディアは，学校図書館法に規定されているように「学校の教育課程の展開に寄与する」とともに「児童又は生徒の健全な教養を育成する」意図によって収集する必要がある。ただし，小学校・中学校・高等学校といった校種の違いによって，求められる蔵書構成は異なってくる。たとえば小学校では，絵本や児童書の割合が高く，中学校や高校では，いわゆるYA（ヤングアダルト）と呼ばれる分野の図書が比較的多くなる。

　メディアの収集にあたっては，現在の蔵書構成を把握し，明確な方針のもと購入計画を立てる。その際，教科学習や探究的な学習，また学年や学校行事関係の資料など，特定の分野に偏らず幅広くバランスを取ることを心がけたい。児童・生徒の読書意欲を高めるためには、新しい作品や、人気作家による小説等を増やすことも効果的だが，長年読み継がれてきた良書に関心をもつよう児童・生徒に働きかけることも大切である。

　また，学校図書館は「読書センター」としての機能に加え「学習センター」，「情報センター」としての機能をもつ。探究的な学習においては，学校図書館メディアを利用して調べることが不可欠であり，探究学習を支援するメディアの収集が求められよう。

　メディアの選定に際しては，図書館のコレクションを構築する方針に沿って組織的に行われることが望ましい。そのために司書教諭や学校司書を中心として，各教科の担当者も加えて，さまざまな分野からバランスよく選定することができるメディア選定委員会を編成する。

　蔵書の数量的な基準としては，文部科学省の「学校図書館図書標準」（1993年）や，全国学校図書館協議会（全国SLA）の「学校図書館メディア基準」（2000年）がある。廃棄については，全国SLAの「学校図書館図書廃棄規準」（1993年）がある。

152

2.3 学校図書館におけるメディアの組織化

　児童・生徒の調べ学習において，主題から図書館メディアを検索できる環境は極めて重要である。そのための主題組織に関して，つぎのような留意点がある。

　『日本十進分類法（NDC）新訂10版』（日本図書館協会）では，「それぞれの図書館の利用者の必要性に応じて，NDCの適用方針を検討・決定することが大切である」として，館種別の適用例が示されている。そこでは，「学校図書館については，高等学校を除いて従来第二次区分（2桁）でよいといわれてきたが，公共図書館との併行利用を考えた場合，第三次区分（3桁）を原則としたほうが児童・生徒にとり有益であろう」としている[1]。3桁を原則としつつ，分野によってはさらに学校の規模や教育活動に応じた細分も考えていくことになるだろう。なお分類記号を付与する際の留意点として，本書第Ⅱ章5.4「分類記号の付与」を参照されたい。

　件名標目表には，まず標準件名標目表として『基本件名標目表（BSH）第4版』（日本図書館協会）がある。その採録方針は，「公共図書館，大学の一般教育に必要な資料を主に収集する大学図書館，高等学校の図書館において編成される件名目録に必要な件名標目を中心に採録する」としている[2]。

　その他にも，小学校用として『小学校件名標目表　第2版』（全国SLA）が，中学校・高校用として『中学・高校件名標目表　第3版』（全国SLA）が刊行されている。小学校件名標目表では，BSHに比べて平易な言葉・表現が用いられ，「小学校における学習活動を中心に児童が関心，興味，生活上の必要などから資料を検索すること」に配慮されている[3]。中学・高校件名標目表では，「教科学習を利用する資料」，「生徒の自主的な研究や調査に役立つ資料」，「生徒の日常生活や趣味などにかかわりのある資料」のそれぞれを検索するのに必要な件名標目が収集されている[4]。ただしBSHと異なり，これらは主要なMARCに採用されているわけではなく，MARCを利用したコピーカタロギングの際は，別途，件名を付与していく作業を要する。検索面からシステム的な改善策を探るとすれば，たとえば異なる件名の変換プログラム等を経由して，児童・生徒が使いやすい言葉で検索できるような仕組みの開発など，今後この方面での研究の進展が望まれる。

　主題からの検索（アクセス）を保障する要件として，メディアと利用者を結びつけるインターフェイス（情報環境）の役割も大きい。たとえばOPACでは，児童・生徒にとって使いやすい操作性とともに，わかりやすいコトバによる指示等も重要である。3種の件名標目表によって例示的に検討すると，学校関係の標目表ではコトバが平易に表現されていることがわかる。

同一NDC分類記号に対する各種件名標目表の比較（抜粋）

NDC	小学校件名標目表	中学・高校件名標目表	基本件名標目表（BSH）
024	書店	書店	書籍商
141.6	悩み	感情	不安
183	お経	経典	経典
626	野菜	野菜	蔬菜
724	絵のかき方	画法	絵画─技法
815	言葉のきまり	文法	日本語─文法
816.5	レポートの書き方	論文の書き方	論文作法
816.6	手紙	手紙文	日本語─書簡文

3.　学校教育と図書館メディアの配置

　学校図書館では，季節や興味・関心に応じた図書の展示をしたり，蔵書にない関連資料を他校や近隣の公共図書館に団体貸出を依頼して別置したりすること等がよく行われる。メディアの配置を適切に行うことで，児童・生徒の読書意欲を高めたり，調べ学習を効果的に進めたりすることに役立つ。ただし，学校図書館は「学校」という教育機関のなかにあることから，メディアの配置も学校教育全体のなかで考えていくことが求められる。たとえば，教科学習の単元の内容に応じて図書館から学級や学年に貸出をしたり，単元の学習期間に合わせて図書館とは別のスペースに一定期間別置したりするといったことも必要になる。ただし注意しなければならないのは，便利さや時間の省力化といった目的でむやみに別置しないことである。学級や学年に貸出をすると，児童・生徒は与えられた本だけで調べることになり，自分にとって本当に必要な資料を探し出そうとする機会が失われてしまう可能性が出てくる。

　大切なことは，学校図書館も一つの「図書館」であるとの認識に立ち，図書館として本来もつべき機能を確保し，主題ごとにメディアにアクセスできる環境を整えることである。そして学校図書館を中心に，児童・生徒が自らその機能を活用して調べ，課題解決できるようメディアの配置を考えていく。学校図書館として必要な環境を整備し，適切にメディア活用能力の育成を行うことで，学校図書館が自主的・自発的な学習活動や読書活動の中心として活用されるようになることを目指したい。

4.　多様な学習環境と学校図書館

　小学校・中学校における平成 29 年（2017 年）および高等学校における平成 30 年（2018 年）改訂の新学習指導要領は，「主体的・対話的で深い学び（アクティブ・ラーニング）の視点に立った授業改善を行うことで学校教育における質の高い学びを実現し，学習内容を深く理解し，資質・能力を身に付け，生涯にわたって能動的（アクティブ）に学び続けるようにすること」を目指している[5]。そのためには，受身の学習ではなく学習者が自ら情報を集め，比較・検討し，対話や交流を通して表現できる多様な学習環境が必要である。

　文部科学省から 2016 年に示された「学校図書館ガイドライン」では，「これからの学校図書館には，主体的・対話的で深い学び（アクティブ・ラーニングの視点からの学び）を効果的に進める基盤としての役割も期待されており，例えば，児童生徒がグループ別の調べ学習等において，課題の発見・解決に向けて必要な資料・情報の活用を通じた学習活動等を行うことができるよう，学校図書館の施設を整備・改善していくよう努めることが望ましい」としている[6]。そこでは多様な学習環境として，学校図書館の役割と授業での有効活用が期待されている。授業者には普通教室だけの授業ではなく，児童・生徒の学習活動に応じて，学校図書館を活用した授業を行うことが今後ますます求められるであろう。

　また近年，大学図書館を中心にラーニング・コモンズの設置が進められているが，今後は学校図書館においても同様の機能をもたせた設備の導入が進むものと予想される。

＜終わりに＞

　本書は，学校図書館司書教諭課程の「学校図書館メディアの構成」，司書課程の「情報資源組織論」，「情報資源組織演習」，それら資料整理系科目に通底するかたちで，進めてきた。初めて図書館情報学を学ぶ人が，図書館における資料・メディアの構成と，分類法・目録法を有機的に理解できるように図った。

　現代は情報通信技術においてコンピュータ中心，ネットワークの時代であり，本書も現状に沿って，第Ⅵ章「目録システムの設計，管理，運営（目録編成）」，第Ⅶ章「目録の作成方法の変化」を Up to date なかたちで記述した。

　目録における書誌記録の出力形（利用者用の表示形式）は各図書館の選択・決定にかかっており多様である。それらにおいて，かねてからのカード目録と同様あるいは，類似の出力形も多い。そう判断して本書の出力実例ではNCR1987年版改訂3版に拠る表示形（カード目録形の例示）に従った。そのためNCRが2018年版において解除されたISBD区切り記号を採用した。つまり，目録に関する第Ⅲ章，第Ⅳ章は，その旧版NCR1987年版改訂3版に則って展開した。なお，NCR2018年版の実用は2020年代に入ってからと見られる。また，資料組織業務（メディアの構成）において"目録"と双璧をなす"分類"に関しては現行のNDC新訂10版を用いた。

　本書が学校図書館関係での利用を視界の重点におくため，序章において「メディアの構成」に始まる資料の収集，組織化と検索という，学校図書館司書教諭課程学習の流れに沿って論述した。実際上の締めの章である第Ⅷ章においては，学校図書館関係のメディア構成の多様化について深耕した。

　本書改訂版（第6版）は，過去に重ねた諸版と異なり，徹底して書き改めたものである。それは，改訂者，執筆者たち書き下しの共著作である。

　ご利用いただけるよう願いつつ，この新改訂6版をお届けする。

156

注)

1)　日本図書館協会分類委員会『日本十進分類法（NDC）新訂 10 版』日本図書館協会，2014,「相関索引・使用法編」p. 287,「3 館種別適用，3.2 学校図書館」

2)　日本図書館協会件名標目委員会『基本件名標目表（BSH）第 4 版』日本図書館協会，1999, p. 3,「2 件名標目の採録方針」

3)　学校図書館協議会件名標目表委員会『小学校件名標目表 第 2 版』全国学校図書館協議会，2004, p. 8,「2 本標目表の構成」

4)　全国学校図書館協議会件名標目表委員会編『中学・高校件名標目表 第 3 版』全国学校図書館協議会，1999, p. ix,「3 収載した件名標目の範囲」

5)　中央教育審議会『幼稚園，小学校，中学校，高等学校及び特別支援学校の学習指導要領等の改善について（答申）』(2016 年 12 月 21 日), p. 49.

6)　文部科学省『学校図書館の整備充実について（通知）』(別添 1)「学校図書館ガイドライン」2016.

参 考 文 献

<司書教諭科目のテキストから>

小田光宏編著；今井福司［ほか］著. 学校図書館メディアの構成. 樹村房, 2016.（司書
教諭テキストシリーズⅡ；2）

北克一, 平井尊士編著. 学校図書館メディアの構成 改訂新版. 放送大学教育振興会,
2016.（放送大学教材, 1527274-1-1611）

木原通夫, 志保田務著. 分類・目録法入門：メディアの構成 新改訂第5版. 第一法規,
2007.

志保田務, 北克一, 山本順一編著. 学校教育と図書館：司書教諭科目のねらい・内容とそ
の解説. 第一法規, 2007.

志村尚夫編著. 学校図書館メディアの構成とその組織化 改訂版. 青弓社, 2009.（学校
図書館図解・演習シリーズ；2）

「シリーズ学校図書館学」編集委員会編. 学校図書館メディアの構成. 全国学校図書館協
議会, 2010.（シリーズ学校図書館学；2）

緑川信之編著. 学校図書館メディアの構成 第2版. 学文社, 2008.（メディア専門職養
成シリーズ；2）

<補強文献：司書科目のテキストから>

榎本裕希子, 石井大輔, 名城邦孝著. 情報資源組織論 第2版. 学文社, 2019.（ベーシ
ック司書講座・図書館の基礎と展望；3）

柴田正美著. 情報資源組織論 新訂版. 日本図書館協会, 2016.（JLA図書館情報学テキ
ストシリーズⅢ；9）

志保田務編著. 情報資源組織論：よりよい情報アクセスを支える技とシステム 第2版.
ミネルヴァ書房, 2016.（講座・図書館情報学；10）

志保田務, 高鷲忠美編著；平井尊士共著. 情報資源組織法 第2版. 第一法規, 2016.

田窪直規編著；岸田和明［ほか］著. 情報資源組織論 改訂. 樹村房, 2016.（現代図書
館情報学シリーズ；9）

長田秀一著. 情報・知識資源の組織化. サンウェイ出版, 2011.

那須雅熙著. 情報資源組織論及び演習 第2版. 学文社, 2016.（ライブラリー図書館情
報学；9）

根本彰, 岸田和明編. 情報資源の組織化と提供. 東京大学出版会, 2013.（シリーズ図書

158

館情報学；2）

北克一，村上泰子共著．資料組織演習：書誌ユーティリティ，コンピュータ目録　改訂3版．エム・ビー・エー，2014.（シリーズ・図書館とメディア；2）

小西和信，田窪直規編著；川村敬一［ほか］著．情報資源組織演習　改訂．樹村房，2017.（現代図書館情報学シリーズ；10）

志保田務，岩下康夫，遠山潤共著．NCRプログラム式演習と基本概念の分析：日本目録規則1987年版改訂2版への手引き．学芸図書，2005.

志保田務，高鷲忠美編著．情報資源組織法演習問題集　第2版．第一法規，2016.

平井尊士，藤原是明著．資料組織演習．勉誠出版，2003.（図書館情報学の基礎；9）

和中幹雄，山中秀夫，横谷弘美共著．情報資源組織演習　新訂版．日本図書館協会，2016.（JLA図書館情報学テキストシリーズ3；10）

宮沢厚雄著．分類法キイノート　第3版．樹村房，2019.

宮沢厚雄著．目録法キイノート．樹村房，2016.

蟹瀬智弘著．NDCへの招待：図書分類の技術と実践．樹村房，2015.

谷口祥一，緑川信之．知識資源のメタデータ　第2版．勁草書房，2016.

上田修一，蟹瀬智弘著．RDA入門：目録規則の新たな展開．日本図書館協会，2014.（JLA図書館実践シリーズ；23）

Barbara B. Tillett［ほか］著；酒井由紀子［ほか］共訳．RDA：資源の記述とアクセス：理念と実践．樹村房，2014.

伊藤民雄著．図書館情報資源概論．学文社，2012.（ライブラリー図書館情報学；8）

志保田務［ほか］編著；平井尊士［ほか］著．資料・メディア総論：図書館資料論・専門資料論・資料特論の統合化　第2版．学芸図書，2007.［絶版］

高山正也，平野英俊編；高山正也［ほか］共著．図書館情報資源概論．樹村房，2012.（現代図書館情報学シリーズ；8）

馬場俊明編著．図書館情報資源概論　新訂版．日本図書館協会，2018.（JLA図書館情報学テキストシリーズ3；8）

藤田岳久編著；二村健［ほか］著．図書館情報資源概論．学文社，2016.（ベーシック司書講座・図書館の基礎と展望；8）

藤原是明編著．図書館情報資源概論：人を育てる情報資源のとらえかた．ミネルヴァ書房，2018.（講座・図書館情報学；9）

宮沢厚雄著．図書館情報資源概論　新訂第4版．理想社，2018.

山本順一編著；沖田克夫，山中秀夫，相良佳弘著．情報の特性と利用：図書館情報資源概論．創成社，2012.

付　資　料

1　日本十進分類法　新訂 10 版・相関索引（部分）

コマモ

骨膜炎	493.6	小鳥（家禽）	646.8	呉服（織物工業）	586.77
骨油	576.185	（獣医学）	646.86	呉服店	673.7
固定化酵素（化学工業）	579.97	ことわざ（民俗）	388.8	古物商	673.7
固定資産（会計学）	336.94	（倫理）	159.8	コプト教会	198.17
固定資産税	349.55	こなじらみ	486.36	コプト語	894.2
固定資本	331.82	後奈良天皇（日本史）	210.47	コプト美術	702.03
コーディネーション	593.8	粉料理	596.3	コブラ（動物学）	487.94
固定費（財務管理）	336.85	粉類（農産加工）	619.3	古プロシア語	889.9
固定無線（無線工学）	547.63	湖南	*161	コプロライト	457.3
コーティング（塗料）	576.89	湖南語	828.8	古墳（考古学）	202.5
コーディング（情報学）	007.64	湖南事件（日本史）	210.64	（日本史）	210.32
鼓笛隊	764.69	湖南省	*2226	胡粉（絵画）	724.1
古典学派（経済学）	331.4	湖南地方（朝鮮）	*217	古文辞学（日本思想）	121.56
古典主義（英米文学）	930.26	湖南方言	828.8	古墳時代（日本史）	210.32
（絵画）	723.05	小荷物（鉄道運輸）	686.56	五分律	183.85
（建築）	523.053	コニャック（酒類工業）	588.57	個別化教育	371.5
（ドイツ文学）	940.26	五人組（法制史）	322.15	個別指導	375.23
（美術）	702.06	コネティカット州	*5316	古方（医学）	490.9
（フランス文学）	950.25	コノドント	457.3	語法	8□5
（文学）	902.06	古ノルド語	849.5	ごぼう（植物学）	479.995
古典派（音楽）	762.05	五倍子（林産物）	657.83	（蔬菜園芸）	626.47
御殿場	*154	琥珀（鉱山工学）	569.9	御坊	*166
古典復興（建築）	523.053	（鉱物学）	459.68	湖北省	*2225
コート（和裁）	593.17	琥珀酸（化学）	437.5	古本説話集［書名］	913.37
琴	768.12	（工業）	574.85	こま（玩具）	759
子供銀行	338.71	コーヒー（作物栽培）	617.3	鼓膜（耳科学）	496.6
子供室	527.5	（食品）	596.7	小松	*143
子供図書館	016.28	（植物学）	479.97	小松島	*181
子供番組	699.6	（農産加工）	619.89	こまつな（蔬菜園芸）	626.51
子供服（家政学）	593.36	（民俗）	383.889	こまどり（家禽）	646.8
（製造工業）	589.216	コピー機（製造工業）	582.3	（動物学）	488.99
（風俗史）	383.16	古美術商	706.7	ゴマノハグサ科	479.963
子供部屋（育児）	599.1	古筆切	728.8	狛笛	768.16
（住宅建築）	527.5	コピーライター	674.35	ごまめ（水産加工）	667.2
ゴトランド紀（地史学）	456.34	護符	163.4	小間物（民俗）	383.5

2 記入の作成に必要な図書各部の名称

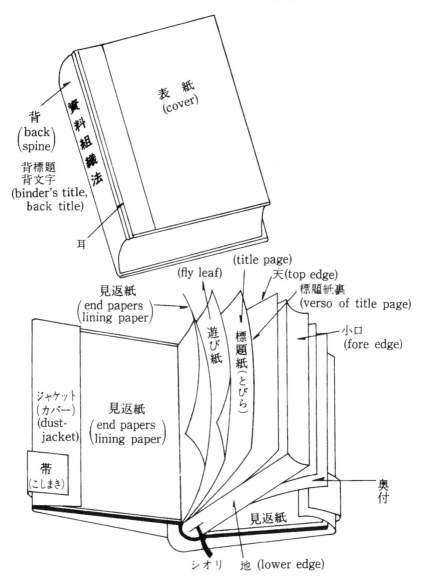

3　単一記入制目録のための標目選定表
（NCR1987 年版改訂 3 版をもとに作成）

標目指示中から，単一記入制目録の標目（基本標目）を一つずつ特定するために用いる。

　　A　個人または団体の著者標目を基本標目とするもの
　　　〜これによって特定した標目は標目指示で「au」を冠して記録する。

指示する標目	事　　　例
(1)　著者(直接の責任を持つもの)が 1 の場合	
・1　著作一般	
その著者（原初的な著作者）	原初的な著作，その翻訳・注釈
改作者，脚色者等	改作書，小説等を戯曲化したもの等
編纂者	辞書，目録等。編纂によってできた著作
・2　一団体主宰の催しの記録類	
主宰団体	その団体が主宰する会議の会議録等
	その団体主宰の展覧会，博覧会の出品目録等
・3　独立の会議の記録類	
その会議（名）	主宰団体を頂かない会議の議事録
・4　法律，条例等	
国，地方公共団体等	
(2)　著者(直接の責任を持つもの)が 2 の場合	(1)が二人，または 2 団体，あるいは一人と 1
主な著者，または最初の著者	団体等による共著作である場合

　　B　タイトル標目を基本標目とするもの
　　　〜これによって特定した標目は標目指示で「tu」を冠して記録する。

(1)　統一タイトルの規定で規定するもの	無著者名古典等
統一タイトル	
(2)　著者(直接責任を持つもの)が不明な著作	ただし前項（無著者名古典）の場合を除く
本タイトル	
(3)　著者（同上）の数が 3 以上の著作	「資料組織法」（木原通夫，志保田務，高鷲忠
本タイトル	美共著）の場合，「資料組織法」が標目

4　冊子目録（例）

財團法人　大橋圖書館和漢圖書分類增加目録

平成九年十一月二十一日　発行
自明治三十八年七月一日現在
至明治四十四年十二月末日現在

発行所　株式会社　ゆまに書房

第一門　書目　事彙　叢書
　　　　随筆　雜誌　新聞

一　書目

第一門　書目

書名・編者・刊年	装形	冊函	號
秋田縣立圖書館和漢圖書目録（哲學宗教之部）　秋田縣立圖書館編　明治三九、三	洋菊		二三四 三
秋田縣立圖書館和漢圖書目録（歷史傳記之部）　秋田縣立圖書館編　同四〇、三			二三四 三
秋田縣立圖書館和漢圖書分類目録（數學、理學、醫學、教育之部）　秋田縣立圖書館編　同四〇、二			二三四 八
秋田縣立圖書館和漢圖書分類目録（地誌紀行之部）　秋田縣立圖書館編　同四〇、二二			二三四 八
秋田縣立圖書館和漢圖書分類目録（國家、法律、經濟、財政及統計學之部）　秋田縣立圖書館編　同四〇、二三			二三四 七
秋田縣立圖書館和漢圖書分類目録（工學、兵事、美術、諸藝、産業之部）　秋田縣立圖書館編　同四〇、三			二三四 六
岩瀬文庫圖書目録　岩瀬彌助發行　同四二、一〇	大小	冊	五一二三四
大阪圖書館和漢圖書分類目録　大阪府立圖書館編　同三八、五			二三四 五
大阪府立圖書館和漢圖書分類目録（自明治三八、一至同三九、一二）增加　大阪府立圖書館編　同四〇、四			二三四 三
大阪府立和漢圖書目録　大阪府立圖書館編　同四一、四			二三四 三
大阪府立增加和漢圖書目録（從明治四一、四至同四二、二三）增加第一册　圖書館增加和漢圖書目録編　同四二、一二			二三四 三

書名・編者・刊年	装形	冊函	號
大阪府立圖書館增加和漢圖書目録（從明治四一、四至同四二、二三）增加第一册　圖書館增加和漢圖書目録編　明治四三	洋大		二三四 三
大阪府立圖書館增加和漢圖書目録（從明治四三、三至同四四、三）增加第三册　大阪府立圖書館編　同四四、一二			二三四 九
財團法人大橋圖書館和漢圖書分類目録　大橋圖書館編　明治四五、六	菊		二三四 一九
神戸市立圖書館分類目録（四十年十月現在）　神戸市立圖書館編　同四一、一一			二三四 三
京都府立圖書館藏書目録（和漢之部明治三八、一二現在）　京都府立圖書館編　同四三、六			二三四 四
京都府立圖書館分類書目（和漢之部明治三八、一二現在）　京都府立圖書館編　同四三、三			二三四 三
京都府立圖書館書引書目第一編（和漢之部特別書）　京都府立圖書館編　同四〇、三			二三四 八
京都帝國大學附屬圖書館增加和漢圖書月報　京都帝國大學附屬圖書館編　自四〇			二三四 四
慶應義塾圖書館和漢圖書目録　慶應義塾圖書館編　同四〇、一一			二三四 五
書籍並品物目録（豐宮崎文庫所藏本）　豐宮崎文庫編　同四一、八現在	和小横		八 六 五七
神宮文庫圖書目録　特種之部　神宮司廳編　同三九、一〇			二三四 六
積善組合巡回文庫圖書總目録　積善組合編　同四二、七	洋菊		一 一四 三〇六

5　基本件名標目表［BSH］第4版第4刷　音順標目表（抜粋）

［使用されている記号については，本書第Ⅴ章 2.3.5 参照］

1　収録したレコードとその排列

　件名標目，参照語，説明つき参照，細目を抜粋し五十音順に排列。ただし時代細目は同版第4刷に従い年代順に排列した。

ガッコウトシ　**学校図書館***　⑧ *017*　⑨ *017*
　　　　　　　UF：図書館（学校）
　　　　　　　TT：学校 34. 図書館 183
　　　　　　　BT：学校. 図書館
　　　　　　　NT：学級文庫. 学校司書. 司書教諭. 図書館教育
　　　　　　　RT：児童図書館

ケンメイヒョ　**件名標目***　⑧ *014.49*　⑨ *014.49*
　　　　　　　UF：シソーラス
　　　　　　　TT：資料整理法 130
　　　　　　　BT：件名目録法

コウキョウト　公共図書館　→**図書館（公共）**

ザッシ　　　　［雑誌］＜一般細目＞
　　　　　　　　　　特定主題に関する雑誌・紀要に対して，その主題を表す件名標目のもとに，一般細目として用いる。（例：**映画―雑誌**）

ザッシ　　　　**雑誌***　⑧ *014.75；050*　⑨ *014.75；050*
　　　　　　　SN：この件名標目は，雑誌に関する著作および総合雑誌にあたえる。
　　　　　　　UF：紀要
　　　　　　　TT：図書館資料 184. マス　コミュニケーション 224
　　　　　　　BT：逐次刊行物. マス　コミュニケーション
　　　　　　　NT：コミック誌. 週刊誌. タウン誌
　　　　　　　RT：ジャーナリズム
　　　　　　　SA：各主題，分野のもとの細目**―雑誌**をも見よ。（例：**映画―雑誌**）

シチョウカク　**視聴覚資料***　⑧ *014.77；375.19；379.5*　⑨ *014.77；375.19；379.5*
　　　　　　　UF：図書以外の資料
　　　　　　　TT：図書館資料 184
　　　　　　　BT：図書館資料
　　　　　　　NT：紙芝居. 幻灯. ビデオ　ディスク. 標本. 模型. レコード. 録音資料. 録音図書

ジドウトショ　**児童図書館***　⑧ *016.28*　⑨ *016.28*
　　　　　　　UF：図書館（児童）

TT：図書館 183

BT：図書館

NT：ストーリー　テリング

RT：学校図書館

シャカイキョ　**社会教育**＊　⑧ *379*　⑨ *379*

TT：教育 47

BT：教育

NT：公民館. サークル活動. 識字運動. 社会教育施設. 女性団体. 青少
年教育. 青少年施設. 青少年団体. 成人教育. 青年教育. 読書運動.
図書館（公共）. PTA

RT：生涯学習

ジョウホウカ　**情報管理**＊　⑧ *007.5；336.17*　⑨ *007.5；336.17*

TT：情報科学 121

BT：情報科学

NT：システム設計. システム分析. データ管理. データ処理（コンピュ
ータ）. プログラミング（コンピュータ）

RT：ドキュメンテーション

ジョウホウケ　**情報検索**＊　⑧ *0075*　⑨ *007.58*

UF：IR

TT：情報科学 121

BT：情報科学

NT：索引法. データベース

ショセキ　　　書籍　→**図書**

ショモツ　　　書物　→**図書**

シリョウカン　資料管理　→**資料整理法. ドキュメンテーション. 特殊資料**

シリョウセイ　**資料整理法**　⑧ *014*　⑨ *014*

UF：資料管理. 図書整理法

NT：郷土資料. 索引法. 主題索引法. 資料分類法. 資料目録法. 図書記
号. ファイリング

シリョウセン　**資料選択法**　⑧ *014.1*　⑨ *014.1*

UF：図書選択法

TT：図書館資料 184

BT：図書館資料

シリョウブン　**資料分類法**　⑧ *014.4*　⑨ *014.4*

UF：図書分類法

TT：資料整理法 130

BT：資料整理法

シリョウモク　**資料目録法**　⑧ 014.3　⑨ 014.3

UF：図書目録法. 排列

TT：資料整理法 130

BT：資料整理法

NT：MARC

センモントシ　**専門図書館***　⑧ 018　⑨ 018

SN：この件名標目は，図書館の種類としての専門図書館に関する著作に
あたえる。情報提供サービスを主とする機関には，**情報センター**をあ
たえる。

UF：図書館（専門）

TT：図書館 183

BT：図書館

NT：音楽図書館

ダイガクトシ　**大学図書館***　⑧ 017.7　⑨ 017.7

UF：図書館（大学）

TT：図書館 183

BT：図書館

チクジカンコ　**逐次刊行物***　⑧ 014.75；050　⑨ 014.75；050

UF：定期刊行物

TT：図書館資料 184

BT：図書館資料

NT：雑誌. 新聞. 年鑑

チズ　　　　　［地図］＜地名のもとの主題細目＞

一州，一国または一地方の一般地図および地形図に対して，地名のも
とに，主題細目として用いる。（例：**日本—地図. 神戸市—地図**）

チズ　　　　　**地図***　⑧ 014.78；290.38；448.9　⑨ 014.78；290.38；448.9

SN：一州，一国または一地方の一般地図および地形図は，**—地図**を地名
のもとの細目として用いる。

TT：地理学 165. 図書館資料 184

BT：地理学. 特殊資料

NT：古地図. 世界地図. 地形図. 地図学

SA：各地名のもとの主題細目**—地図**（例：**日本—地図. 神戸市—地図**）
をも見よ。

チョシャキゴ　著者記号　→**図書記号**

ドイツ　　　　**ドイツ***　⑧ 293.4　⑨ 293.4

SN：ドイツの東西分離時代（1945-90年）に関する著作については，西ドイツは**ドイツ（西）**，東ドイツは**ドイツ（東）**で表す。1945年以前，統合以後は，**ドイツ**で表す。

SN：分離時代の歴史は，**ドイツ―歴史―1945-90年**を用いる。

ドキュメンテ　**ドキュメンテーション***　⑧007.5　⑨007.5
UF：資料管理. ドクメンテーション. 文献情報活動
TT：情報科学 121
BT：情報科学
RT：情報管理

ドクショ　**読書***　⑧019　⑨019
TT：図書館資料 184
BT：図書
NT：速読法. 読書感想文. 読書指導. 読書調査. 読書法

ドクショシド　**読書指導***　⑧019.2；375.85　⑨019.2；375.85
TT：学校 34. 教育学 48. 図書館 183. 図書館資料 184. 日本語 192
BT：国語科. 読書. 図書館教育

ドクショチョ　**読書調査***　⑧019.3　⑨019.3
TT：図書館資料 184
BT：読書

トショ　**図書***　⑧020　⑨020
UF：書籍. 書物. ペーパー　バックス. 本
TT：図書館資料 184
BT：図書館資料
NT：絵入り本. 貸本屋. 刊本. 稀書. 古刊本. 古書. 参考図書. 児童図書. 写本. 書籍商. 書評. 蔵書印. 蔵書票. 造本. 著作権. 読書. 図書目録. 図書目録（図書館）. 豆本
RT：出版. 書誌学

トショイガイ　図書以外の資料　→**視聴覚資料. 特殊資料**

トショウンヨ　図書運用法　→**図書館奉仕**

トショカイダ　**図書解題***　⑧025　⑨025
UF：解題書目
TT：書誌学 127. 図書館資料 184
BT：書誌. 図書目録

トショカン　**図書館***　⑧010；016　⑨010；016
NT：学校図書館. 刑務所図書館. 国立図書館. 視聴覚ライブラリー. 児童図書館. 情報センター. 専門図書館. 大学図書館. 短期大学図書

館．点字図書館．電子図書館．図書館（公共）．図書館員．図書館家
具．図書館機械化．図書館行政．図書館協力．図書館経営．図書館計
画．図書館情報学．図書館の自由．図書館用品．図書館利用．病院図
書館．文書館

| トショカン | 図書館（学校）　→**学校図書館** |

トショカン　**図書館（公共）**＊　⑧016.2　⑨016.2
　　　　　　　UF：公共図書館
　　　　　　　TT：教育 47. 図書館 183
　　　　　　　BT：社会教育．図書館
　　　　　　　NT：家庭文庫

トショカン　　図書館（児童）　→**児童図書館**
トショカン　　図書館（専門）　→**専門図書館**
トショカン　　図書館（大学）　→**大学図書館**
トショカンガ　図書館学　→**図書館情報学**
トショカンカ　図書館活動　→**図書館奉仕**
トショカンカ　図書館管理　→**図書館経営**

トショカンキ　**図書館教育**＊　⑧015；375.18　⑨015；375.18
　　　　　　　TT：学校 34. 図書館 183
　　　　　　　BT：学校図書館
　　　　　　　NT：読書感想文．読書指導

トショカンギ　**図書館行政**＊　⑧011.1　⑨011.1
　　　　　　　TT：図書館 183
　　　　　　　BT：図書館

トショカンケ　**図書館経営**＊　⑧013　⑨013
　　　　　　　UF：図書館管理
　　　　　　　TT：図書館 183
　　　　　　　BT：図書館

トショカンケ　**図書館建築**＊　⑧012　⑨012
　　　　　　　UF：図書館施設
　　　　　　　TT：建築 75
　　　　　　　BT：公共建築

トショカンシ　図書館施設　→**図書館建築**

トショカンジ　**図書館情報学**　⑧010　⑨010
　　　　　　　UF：図書館学
　　　　　　　TT：情報科学 121. 図書館 183
　　　　　　　BT：情報科学．図書館

		RT：書誌学
トショカンシ	**図書館資料**＊	⑧ 014.1　⑨ 014.1
		NT：郷土資料．視聴覚資料．資料選択法．資料保存．政府刊行物．逐次刊行物．地方行政資料．点字図書．特殊資料．図書．図書館資料収集
トショカンホ	**図書館奉仕**＊	⑧ 015　⑨ 015
		UF：図書運用法．図書館活動
		NT：自動車文庫．資料貸出．ストーリー　テリング．図書館間相互貸借．レファレンス　ワーク
トショカンリ	**図書館利用**＊	⑧ 015　⑨ 015
		TT：図書館 183
		BT：図書館
		NT：情報利用法．文献探索
トショキゴウ	**図書記号**＊	⑧ 014.55　⑨ 014.55
		UF：著者記号
		TT：資料整理法 130
		BT：資料整理法
トショセイリ	図書整理法	→**資料整理法**
トショセンタ	図書選択法	→**資料選択法**
トショブンル	図書分類法	→**資料分類法**
トショモクロ	**図書目録**＊	⑧ 025；026；027；028；029　⑨ 025；026；027；028；029
		UF：書目
		TT：図書館資料 184
		BT：図書
		NT：書誌の書誌．全国書誌．図書解題
		SA：各件名標目のもとの細目—書誌(例：**経済学—書誌．神戸市—書誌**)をも見よ。
トショモクロ	**図書目録（出版社）**＊	⑧ 025.9　⑨ 025.9
		UF：出版目録．販売目録（図書）
		TT：情報産業 122
		BT：出版
トショモクロ	**図書目録（図書館）**＊	⑧ 029　⑨ 029
		UF：蔵書目録（図書館）
		TT：図書館資料 184
		BT：図書
トショモクロ	図書目録法	→**資料目録法**
ニホン	**日本**＊	⑧ 291　⑨ 291

　　　　　UF：日本―社会. 日本―文化. 日本文化
―アンナイ　日本―案内記　→**日本―紀行・案内記**
―ガイコウ　日本―外交　→**日本―対外関係**
―ギカイ　日本―議会　→**国会**
―キコウ　日本―気候　→**気候―日本**
―キコウ　**日本―紀行・案内記**＊　⑧ *291.09*　⑨ *291.09*
　　　　　UF：日本―案内記. 旅行案内（日本）
　　　　　TT：日本―地理 190
　　　　　BT：日本―地理
　　　　　NT：温泉. 国民休暇村. 史跡名勝
　　　　　SA：各地方名のもとの細目―**紀行・案内記**（例：**神戸市―紀行・案内記**）
　　　　　　　をも見よ.
―キョウイ　**日本―教育**＊　⑧ *372.1*　⑨ *372.1*
　　　　　TT：教育 47
　　　　　BT：教育
　　　　　NT：往来物. 学童疎開. 学徒勤労動員. 学徒出陣. 私塾. 寺小屋. 藩学
―ギョウセ　**日本―行政**　⑧ *317*　⑨ *317*
―ケイザイ　**日本―経済**＊　⑧ *332.1*　⑨ *332.1*
　　　　　UF：日本経済
　　　　　NT：株仲間. 日本―産業. 日本―商業
―ケンポウ　日本―憲法　→**憲法―日本. 憲法―日本**（明治）
―コウギョ　**日本―工業**＊　⑧ *509.21*　⑨ *509.21*
―コウツウ　日本―交通　→**交通―日本**
―コクサイ　日本―国際関係　→**日本―対外関係**
―ザイセイ　日本―財政　→**財政―日本**
―サンギョ　**日本―産業**＊　⑧ *602.1*　⑨ *602.1*
　　　　　TT：日本―経済 188
　　　　　BT：日本―経済
―シュウキ　日本―宗教　→**宗教―日本**
―ショウギ　**日本―商業**＊　⑧ *672.1*　⑨ *672.1*
　　　　　UF：商業―日本
　　　　　TT：日本―経済 188
　　　　　BT：日本―経済
―ジョウヤ　日本―条約　→**条約―日本**
―ジンコウ　**日本―人口**＊　⑧ *334.31*　⑨ *334.31*
―ジンコウ　**日本―人口―統計書**　⑧ *358.1*　⑨ *358.1*

―スイサン　日本―水産業　**→水産業―日本**

―セイジ　　**日本―政治**　⑧ *312.1*　⑨ *312.1*
　　　　　　　　NT：沖縄問題. 公職追放. 天皇制. 日本―対外関係

―タイガイ　**日本―対外関係**＊　⑧ *210.18；319.1*　⑨ *210.18；319.1*
　　　　　　　　SN：この件名標目は，日本の対外関係一般に関する著作にあたえる。
　　　　　　　　SN：相手国のある場合は，日本―対外関係―○○で表す。
　　　　　　　　UF：日本―外交. 日本―国際関係
　　　　　　　　TT：日本―政治 189. 日本―歴史 191
　　　　　　　　BT：日本―政治. 日本―歴史

―チイキケ　**日本―地域研究**　⑧ *210；302.1*　⑨ *210；302.1*
　　　　　　　　UF：日本研究

―チズ　　　**日本―地図**＊　⑧ *291.038*　⑨ *291.038*
　　　　　　　　UF：日本地図
　　　　　　　　RT：絵図

―チメイジ　日本―地名辞典　**→地名辞典―日本**

―チリ　　　**日本―地理**＊　⑧ *291*　⑨ *291*
　　　　　　　　UF：日本―地誌. 日本地理
　　　　　　　　NT：城下町　日本―紀行・案内記

―テツドウ　日本―鉄道　**→鉄道―日本**

―デンキ　　日本―伝記　**→伝記―日本**

―デンセツ　日本―伝説　**→伝説―日本**

―トウケイ　**日本―統計書**　⑧ *351*　⑨ *351*
　　　　　　　　SN：この件名標目は，日本の一般的な統計にあたえる。
　　　　　　　　SN：特定主題に関する日本の統計は，その件名標目のもとに，**―統計書**
　　　　　　　　　　を細目として表す。(例：**日本―教育―統計書**)

―ネンカン　日本―年鑑　**→年鑑**

―ノウギョ　**日本―農業**＊　⑧ *612.1*　⑨ *612.1*

―フウゾク　**日本―風俗**＊　⑧ *382.1*　⑨ *382.1*

―ボウエキ　**日本―貿易**＊　⑧ *678.21*　⑨ *678.21*
　　　　　　　　SN：この件名標目は，日本の貿易事情に関する著作にあたえる。
　　　　　　　　SN：相手国の特定されている場合は，日本―貿易―○○で表す。

―ボウエキ　**日本―貿易―アメリカ合衆国**＊　⑧ *678.21*　⑨ *678.21053*
　　　　　　　　UF：日米貿易

―ホウリツ　日本―法律　**→法律―日本**

―ホウレイ　日本―法令　**→法令集**

―リンギョ　日本―林業　**→林業―日本**

—レキシ　　**日本—歴史***　⑧ *210*　⑨ *210*

　　　　　　UF：国史. 日本史. 日本歴史

　　　　　　NT：郷土研究. 公家. 国号. 日本—対外関係. 日本—歴史—史料. 日本
　　　　　　　　—歴史—原始時代. 日本—歴史—古代. 日本—歴史—中世. 日本—歴
　　　　　　　　史—近世. 日本—歴史—近代. 年号. 武士. 封建制度. 有職故実

—レキシ　　**日本—歴史—年表***　⑧ *210.032*　⑨ *210.032*

—レキシ　　**日本—歴史—原始時代***　⑧ *210.2*　⑨ *210.2*

　　　　　　UF：原始時代（日本）

　　　　　　TT：日本—歴史 191

　　　　　　BT：日本—歴史

　　　　　　NT：縄文式文化. 弥生式文化

—レキシ　　**日本—歴史—古代***　⑧ *210.3*　⑨ *210.3*

　　　　　　UF：古代史（日本）

　　　　　　TT：日本—歴史 191

　　　　　　BT：日本—歴史

　　　　　　NT：金印. 国造. 都城. 渡来人. 日本—歴史—大和時代. 日本—歴史—
　　　　　　　　奈良時代. 日本—歴史—平安時代. 風土記. 任那. 邪馬台国

—レキシ　　**日本—歴史—大和時代***　⑧ *210.32*　⑨ *210.32*

　　　　　　UF：大和時代

　　　　　　TT：日本—歴史 191

　　　　　　BT：日本—歴史—古代

　　　　　　NT：壬申の乱（672）. 大化の改新（645-50）

—レキシ　　**日本—歴史—奈良時代***　⑧ *210.35*　⑨ *210.35*

　　　　　　UF：奈良時代

　　　　　　TT：日本—歴史 191

　　　　　　BT：日本—歴史—古代

　　　　　　NT：遣唐使. 国司. 条里制. 律令

—レキシ　　**日本—歴史—平安時代***　⑧ *210.36*　⑨ *210.36*

　　　　　　UF：平安時代

　　　　　　TT：日本—歴史 191

　　　　　　BT：日本—歴史—古代

　　　　　　NT：院政. 荘園. 僧兵. 藤原氏（奥州）

ニホンエイガ　日本映画　→**映画—日本**

ニホンエンゲ　日本演劇　→**演劇—日本**

ニホンオンガ　日本音楽　→**邦楽**

ニホンガ　　**日本画***　⑧ *721*　⑨ *721*

		TT：絵画 21. 美術 205
		BT：絵画. 日本美術
		NT：浮世絵. 絵巻物. 大津絵. 歌仙絵. 花鳥画. 紅毛画. 山水画. 障壁画. 水墨画. 鳥羽絵. 南画. 俳画. 美人画. 屏風絵. 風俗画. 大和絵
―ギホウ	日本画―技法*	⑧724.1　⑨724.1
		TT：絵画 21
		BT：絵画―技法
―ザイリョ	日本画―材料*	⑧724.1　⑨724.1
		TT：絵画 21
		BT：絵画―材料
ニホンケイザ	日本経済	→日本―経済
ニホンケンチ	日本建築*	⑧521　⑨521
		UF：建築―歴史―日本. 建築（日本）. 建築史（日本）
		TT：建築 75. 美術 205
		BT：建築. 日本美術
		NT：寺院建築. 書院造. 神社建築. 数寄屋造. 茶室. 武家屋敷. 町屋
		RT：建築―日本
		SA：個々の建造物名（例：**桂離宮**）も件名標目となる。
ニホンゴ	日本語*	⑧810　⑨810
		UF：国語
		NT：かな. 漢字. 国語学. 国語教育. 国語国字問題. 時事用語. 神代文字. 日本語―アクセント. 日本語―音韻. 日本語―外来語. 日本語―会話. 日本語―敬語. 日本語―構文論. 日本語―古語. 日本語―作文. 日本語―辞典. 日本語―書簡文. 日本語―俗語. 日本語―同音異義語. 日本語―発音. 日本語―反対語. 日本語―文法. 日本語―方言. 日本語―類語. 日本語教育（対外国人）. 日本語調査. 女房詞
―ホウゲン	日本語―方言*	⑧818　⑨818
		TT：日本語 192
		BT：日本語
		NT：琉球語
ニホンゴキョ	日本語教育	→国語教育
ニホンシ	日本史	→日本―歴史
ニホンシソウ	日本思想*	⑧121　⑨121
		UF：日本精神. 日本哲学
		TT：東洋思想 180
		BT：東洋思想

172

NT：古学派．国学．儒学．転向．水戸学

SA：個々の思想家・哲学者名（例：**西田幾太郎**）も件名標目となる。

ニホンショウ　日本小説　→**小説（日本）**

ニホンジン　　**日本人**＊　⑧ *389.1；469.91*　⑨ *382.1；469.91*

TT：人類学 134

BT：民族

RT：日本民族

ニホンジン　　**日本人（外国在留）**＊　⑧ *334.4；334.51*　⑨ *334.4；334.51*

UF：在外邦人

TT：社会問題 111．人文地理 132

BT：移民・植民

ニホンジンメ　日本人名辞典　→**人名辞典―日本**

ニホンシンワ　日本神話　→**神話―日本**

ニホンチメイ　日本地名辞典　→**地名辞典―日本**

ニホンチリ　　日本地理　→**日本―地理**

ニホンテツガ　日本哲学　→**日本思想**

ニホンビジュ　**日本美術**＊　⑧ *702.1*　⑨ *702.1*

UF：美術（日本）

TT：美術 205

BT：東洋美術

NT：庭園―日本．日本画．日本建築．日本彫刻．日本美術―図集．日本美術―歴史

ニホンブンガ　**日本文学**＊　⑧ *910*　⑨ *910*

UF：国文学

NT：漢文学．戯曲（日本）．紀行文学．記録文学．国文．詩（日本）．詩歌．小説（日本）．随筆．大衆文学．日記文学．日本文学―作家．日本文学―評論．日本文学―歴史．翻訳文学．物語文学．琉球文学

　―ヒョウロ　**日本文学―評論**＊　⑧ *910.4*　⑨ *910.4*

TT：日本文学 193

BT：日本文学

　―レキシ　　**日本文学―歴史**＊　⑧ *910.2*　⑨ *910.2*

UF：国文学史．日本文学史

TT：日本文学 193

BT：日本文学

NT：日本文学―歴史―古代．日本文学―歴史―中世．日本文学―歴史―江戸時代．日本文学―歴史―近代．文学地理．文学碑

―レキシ　　**日本文学―歴史―古代**＊　⑧ *910.23*　⑨ *910.23*

　　　　　　　UF：上代文学．大和文学

　　　　　　　TT：日本文学 193

　　　　　　　BT：日本文学―歴史

　　　　　　　NT：記紀歌謡．日本文学―歴史―奈良時代．日本文学―歴史―平安時代

　　　　　　　SA：個々の古典文学作品名（例：**万葉集**）も件名標目となる。

―レキシ　　**日本文学―歴史―奈良時代**＊　⑧ *910.23*　⑨ *910.23*

　　　　　　　TT：日本文学 193

　　　　　　　BT：日本文学―歴史―古代

―レキシ　　**日本文学―歴史―平安時代**＊　⑧ *910.23*　⑨ *910.23*

　　　　　　　UF：王朝文学．平安文学

　　　　　　　TT：日本文学 193

　　　　　　　BT：日本文学―歴史―古代

―レキシ　　**日本文学―歴史―中世**＊　⑧ *910.24*　⑨ *910.24*

　　　　　　　UF：中世文学（日本）

　　　　　　　TT：日本文学 193

　　　　　　　BT：日本文学―歴史

　　　　　　　NT：狂言．五山文学．説話文学．日本文学―歴史―鎌倉時代．日本文学
　　　　　　　　　―歴史―室町時代．謡曲．歴史物語

―レキシ　　**日本文学―歴史―鎌倉時代**＊　⑧ *910.24*　⑨ *910.24*

　　　　　　　UF：鎌倉文学

　　　　　　　TT：日本文学 193

　　　　　　　BT：日本文学―歴史―中世

―レキシ　　**日本文学―歴史―室町時代**＊　⑧ *910.24*　⑨ *910.24*

　　　　　　　UF：室町文学

　　　　　　　TT：日本文学 193

　　　　　　　BT：日本文学―歴史―中世

　　　　　　　NT：お伽草子

―レキシ　　**日本文学―歴史―江戸時代**＊　⑧ *910.25*　⑨ *910.25*

　　　　　　　UF：江戸文学．上方文学．近世文学（日本）

　　　　　　　TT：日本文学 193

　　　　　　　BT：日本文学―歴史

　　　　　　　NT：浮世草子．仮名草子．草双紙．滑稽本．洒落本．人情本．咄本．読本

―レキシ　　**日本文学―歴史―近代**＊　⑧ *910.26*　⑨ *910.26*

　　　　　　　UF：近代文学（日本）

　　　　　　　TT：日本文学 193

　　　　　　BT：日本文学―歴史

　　　　　　NT：日本文学―歴史―明治時代. 日本文学―歴史―大正時代. 日本文学
　　　　　　　　―歴史―昭和時代. 日本文学―歴史―昭和時代（1945 年以後）. 日本
　　　　　　　　文学―歴史―平成時代. プロレタリア文学

―レキシ　　　**日本文学―歴史―明治時代**＊　⑧ *910.26*　⑨ *910.261*

　　　　　　UF：明治文学

　　　　　　TT：日本文学 193

　　　　　　BT：日本文学―歴史―近代

―レキシ　　　**日本文学―歴史―大正時代**＊　⑧ *910.26*　⑨ *910.262*

　　　　　　UF：大正文学

　　　　　　TT：日本文学 193

　　　　　　BT：日本文学―歴史―近代

―レキシ　　　**日本文学―歴史―昭和時代**＊　⑧ *910.26*　⑨ *910.263*

　　　　　　UF：昭和文学

　　　　　　TT：日本文学 193

　　　　　　BT：日本文学―歴史―近代

―レキシ　　　**日本文学―歴史―昭和時代（1945 年以後）**＊　⑧ *910.26*　⑨ *910.264*

　　　　　　UF：戦後文学

　　　　　　TT：日本文学 193

　　　　　　BT：日本文学―歴史―近代

―レキシ　　　**日本文学―歴史―平成時代**　⑧ *910.26*　⑨ *910.264*

　　　　　　TT：日本文学 193

　　　　　　BT：日本文学―歴史―近代

ニホンブンガ　日本文学史　→**日本文学―歴史**

ニホンホウセ　日本法制史　→**法制史―日本**

ニホンミンヨ　日本民謡　→**民謡―日本**

ニホンヤッキ　日本薬局方　→**薬局方**

ニホンリョウ　日本料理　→**料理（日本）**

ホン　　　　　本　→**図書**

レファレンス　レファレンス　ブック　→**参考図書**

レファレンス　**レファレンス　ワーク**＊　⑧ *015.2*　⑨ *015.2*

　　　　　　UF：参考業務（図書館）

　　　　　　TT：図書館奉仕 185

　　　　　　BT：図書館奉仕

　　　　　　NT：参考図書. 文献探索

6　基本件名標目表［BSH］第4版第4刷　分類記号順標目表（部分）

013.8	図書館機械化			読書会	379.5
〔014	**資料の収集. 資料の整理. 資料の保管〕**		015.8	ストーリー　テリング	
014	資料整理法				016.28
014.1	資料選択法		〔016	**各種の図書館〕**	
	図書館資料		016	図書館	010
	図書館資料収集		016.1	国立図書館	
014.3	資料目録法		016.2	図書館（公共）	
014.37	MARC		016.28	児童図書館	
014.4	主題索引法			ストーリー　テリング	
	資料分類法				015.8
014.49	件名標目		016.29	家庭文庫	
	件名目録法		016.53	刑務所図書館	
014.55	図書記号		016.54	病院図書館	
014.61	資料保存		016.58	点字図書館	
014.614	脱酸処理		016.7	視聴覚ライブラリー	
014.66	製本	022.8	016.9	貸本屋	
014.7	特殊資料		〔017	**学校図書館〕**	
014.71	公文書	317.6;816.4	017	学校司書	
	古文書	202.9;210.088		学校図書館	
	写本	022.2		司書教諭	
014.72	郷土資料		017.2	学級文庫	
	地方行政資料		017.6	短期大学図書館	
014.73	パンフレット		017.7	大学図書館	
014.74	クリッピング		〔018	**専門図書館〕**	
	ファイリング	336.55	018	情報センター　007.3	
014.75	雑誌	050		専門図書館	
	逐次刊行物	050	018.09	文書館	
014.76	マイクロ写真	745	018.76	音楽図書館	
014.77	コンパクトディスク		〔019	**読書. 読書法〕**	
		547.336	019	読書	
	視聴覚資料	375.19;379.5	019.12	読書法	
	レコード	375.19;547.335;760.9	019.13	速読法	
	録音資料		019.2	読書指導	375.85
	録音図書		019.25	読書感想文	
014.78	楽譜	761.2	019.3	読書調査	
	地図	290.38;448.9	019.5	児童図書	
014.79	点字図書	378.18	019.53	絵本	599.8;726.6
014.8	政府刊行物		019.9	書評	
〔015	**図書館奉仕. 図書館活動〕**		〔020	**図書. 書誌学〕**	
015	図書館教育	375.18	020	稀書	026
	図書館奉仕			書誌学	
	図書館利用			図書	
015.2	参考図書		〔021	**著作. 編集〕**	
	文献探索		021	著作	
	レファレンス　ワーク		021.2	著作権	
015.29	複写	745		著作隣接権	
015.3	資料貸出		021.3	著作者	
015.38	図書館間相互貸借		021.4	雑誌編集	
015.5	自動車文庫	012.89		編集	070.163
015.6	読書運動	379	021.49	DTP	007.6

第4刷表紙（正）　※実際には2刷から修正されている。

基本件名標目表

第　4　版

分類記号順標目表・階層構造標目表

日本図書館協会件名標目委員会　編

第1刷表紙（誤）

基本件名標目表

第　4　版

分類体系順標目表・階層構造標目表

日本図書館協会件名標目委員会　編

社団法人
日　本　図　書　館　協　会
1999

7　基本件名標目表［BSH］第4版第4刷　階層構造標目表（部分）

1　〈アジア〉
アジア
・アジア（西部）
・・オリエント
・・・エジプト（古代）
・・・・ピラミッド
・・・シュメール文明
・・・フェニキア
・・・メソポタミア文明
・南洋
・・オセアニア
・・太平洋諸島

2　〈アフリカ—歴史〉
アフリカ—歴史
・エチオピア侵略（1935-36）

3　〈アメリカ〉
アメリカ
・北アメリカ
・ラテン　アメリカ
・・中央アメリカ
・・南アメリカ

4　〈アメリカ合衆国—経済〉
アメリカ合衆国—経済
・アメリカ合衆国—産業
・アメリカ合衆国—商業

5　〈アメリカ合衆国—政治〉
アメリカ合衆国—政治
・ホワイトハウス（米国大統領府）

6　〈アメリカ合衆国—歴史〉
アメリカ合衆国—歴史
・キューバ危機（1962）
・南北戦争（1861-65）

7　〈医学〉
医学
・医学教育
・医学者
・医学哲学
・医学と宗教
・医師
・・医事紛争
・医用生体工学
・・生体材料
・医用電子工学
・医療

・・医療事故
・医療器械
・・人工関節
・・人工臓器
・・・人工内耳
・・ペースメーカー（医療機器）
・医療施設
・・サナトリウム
・・診療所
・・精神病院
・・病院
・・・院内感染
・・・病院会計
・・・病院給食
・・・病院経営
・・ホスピス
・医療従事者
・医療制度
・・医療費
・医療倫理
・・安楽死
・・インフォームド　コンセント
・・生命の倫理
・十曲医学
・解剖学
・・献体
・眼科学
・・角膜
・・結膜
・・視神経
・・硝子体
・・視力
・・水晶体
・・ぶどう膜
・・めがね
・看護学
・・家庭看護
・・看護学校
・・看護管理
・・看護教育
・・看護婦
・・・従軍看護婦
・・看護補助者
・・助産婦
・・訪問看護
・・保健婦
・患者
・軍事医学
・外科医
・・移植（医学）

8　中学・高校件名標目表　第3版（部分）

ニホン	**日本**　291	
ニホンコ	**日本国憲法**[+]　→憲法─日本	
ニホンシ	**日本史**　210	
	日本史 ── 原始時代　210.2	
	日本史 ── 石器時代[+]　210.2	←石器時代
	日本史 ── 旧石器時代[+]　210.23	
	日本史 ── 新石器時代[+]　→**日本史 ── 縄文時代**	
	日本史 ── 縄文時代[+]　210.25	←縄文時代； 　日本史─新石器時代
	日本史 ── 弥生時代[+]　210.27	←弥生時代
	日本史 ── 古代　210.3	←飛鳥時代；古代史； 　古墳時代；大和時代
	日本史 ── 奈良時代　210.35	←天平時代；奈良時代
	日本史 ── 平安時代　210.36	←平安時代
	日本史 ── 中世　210.4	←中世史；封建時代 　（日本）
	日本史 ── 鎌倉時代　210.42	←鎌倉時代
	日本史 ── 室町時代　210.45；210.46	←南北朝時代；室町時代
	日本史 ── 戦国時代[+]　210.47	←戦国時代（日本）
	日本史 ── 近世　210.48；210.5	←近世史；封建時代 　（日本）
	日本史 ── 安土桃山時代　210.48	←安土桃山時代；桃山 　時代
	日本史 ── 江戸時代　210.5	←江戸時代；徳川時代
	日本史 ── 幕末期　210.58	←幕末期
	日本史 ── 近代　210.6	←近代史
	日本史 ── 明治時代　210.6	←明治時代
	日本史 ── 大正時代　210.69	←大正時代
	日本史 ── 昭和時代　210.7	←昭和時代
	日本史 ── 昭和時代 ── 1945年以後　210.76	←現代史；戦後史
	日本史 ── 平成時代[+]　210.76	←現代史；平成時代

ニホンシ	日本思想	121	
ニホンジ	日本人	382.1；469.921	←日本民族
	日本人学校⁺	→海外子女教育	
ニホンシ	日本神話⁺	→神話―日本	
ニホンビ	日本美術	702.1	
	日本美術史	702.1	
	日本美術史 ― 古代	702.13	
	日本美術史 ― 奈良時代	702.13	
	日本美術史 ― 飛鳥時代	702.133	
	日本美術史 ― 白鳳時代	702.134	
	日本美術史 ― 天平時代	702.135	
	日本美術史 ― 平安時代	702.137	
	日本美術史 ― 中世	702.14	
	日本美術史 ― 鎌倉時代	702.142	
	日本美術史 ― 室町時代	702.146	←北山文化；東山文化
	日本美術史 ― 近世	702.148；702.15	
	日本美術史 ― 安土桃山時代	702.148	←桃山文化
	日本美術史 ― 江戸時代	702.15	
	日本美術史 ― 近代	702.16	
	日本美術史 ― 現代⁺	702.16	
ニホンブ	日本舞踊	769.1	←踊り
	日本文学	910	←国文学
	日本文学 ― 評論⁺	910.4	
	日本文学史	910.2	
	日本文学史 ― 古代	910.23	
	日本文学史 ― 奈良時代	910.23	
	日本文学史 ― 平安時代	910.23	←王朝文学
	日本文学史 ― 中世	910.24	
	日本文学史 ― 鎌倉時代	910.24	

9　日本目録規則 2018 年版　目次

索　引

〈和　文〉

184

186

分類・目録法入門 ： メディアの構成 ／
木原通夫, 志保田務著. ― 新改訂第6版
／ 志保田務 [ほか] 改訂
東京 ： 第一法規, 2020
11, 188p ； 21cm ＋ 別冊 (43p ： 21cm)
ISBN 978-4-474-06954-1

t1. ブンルイ モクロクホウ ニュウモン　a1. キハラ, ミチオ　a2. シホタ, ツトム
s1. 資料分類法　s2. 資料目録法　① 014.3　② 014.4

1987年版改訂3版の方式

分担執筆

志保田　務（桃山学院大学）　　　　第Ⅰ章，第Ⅲ章，第Ⅳ章，＜終わり
　　　　　　　　　　　　　　　　　　に＞，付資料

田村　俊明（武庫川女子大学）　　　第Ⅱ章－第Ⅳ章，第Ⅵ章，第Ⅶ章

村上　幸二（神戸松蔭女子学院大学）　第Ⅰ章，第Ⅱ章，第Ⅴ章，第Ⅷ章

総合編集：志保田　務（協力：家禰　淳一（愛知大学），西浦　直子）

分類・目録法入門（新改訂第6版）―メディアの構成―
（別冊付録：目録記入実例集）

1987年4月20日	初版発行
1991年7月10日	改訂版発行
1996年9月30日	新改訂版発行
1999年4月15日	新改訂第2版発行
2002年4月5日	新改訂第3版発行
2005年5月10日	新改訂第4版発行
2007年3月20日	新改訂第5版発行
2020年2月10日	新改訂第6版発行

　著　　者　木原通夫，志保田務
（新改訂 © 志保田務，田村俊明，村上幸二）
　発行者　田　中　英　弥
　発行所　第一法規株式会社
　　　　　〒107-8560　東京都港区南青山2-11-17
　　　　　ホームページ　https://www.daiichihoki.co.jp/

分類・目録-新6　ISBN978-4-474-06954-1 C2000 (2)　　　©2020

目録記入実例集

「分類・目録法入門」新改訂第6版
～メディアの構成～　別冊

志 保 田　　務 編
改　訂
田 村 俊 明
村 上 幸 二

第一法規

目　　次

〈凡例〉

　この実例集は，目録記入の実例を示したものである。テキストの指示に
従って実例を見ることにより，理解を深めることができるようにしている。

＊　　　＊　　　＊

1．実例として挙げている書籍の情報は，発行当時の奥付などに記載されて
　　いる情報に拠る。

2．実例集に用いた目録規則は，特に断わりがない場合，和書については
　　NCR1987年版（改訂3版），洋書については AACR2（2002 revision）
　　もしくは RDA に拠る。

3．NACSIS-CAT 出力データについては，一部前述の目録規則に拠らない
　　部分がある。（コーディングマニュアルにおいて，目録規則とは異なる
　　扱いを定めている部分が存在するため。）

4．その他，下記の Web サイトから得られる書誌データ（いずれも2019年
　　11月10日取得）を使用した。
　　・国立国会図書館サーチ（NDC Search）
　　・国立国会図書館書誌提供サービス（NDL-Bib）
　　・アメリカ議会図書館オンライン目録（The Library of Congress Online
　　　Catalog）

1 記述ユニット方式
（NCR1987年版改訂3版の方式）

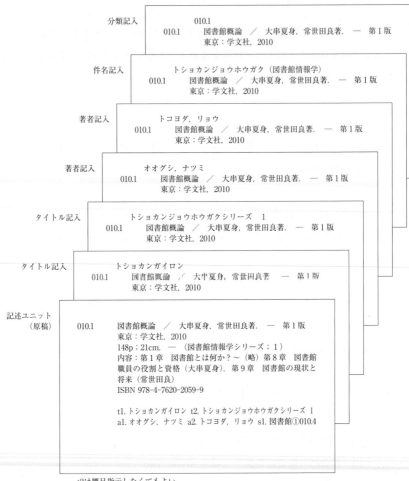

分類記入
```
            010.1
010.1       図書館概論 ／ 大串夏身, 常世田良著. ― 第1版
            東京：学文社, 2010
```

件名記入
```
            トショカンジョウホウガク（図書館情報学）
010.1       図書館概論 ／ 大串夏身, 常世田良著. ― 第1版
            東京：学文社, 2010
```

著者記入
```
            トコヨダ, リョウ
010.1       図書館概論 ／ 大串夏身, 常世田良著. ― 第1版
            東京：学文社, 2010
```

著者記入
```
            オオグシ, ナツミ
010.1       図書館概論 ／ 大串夏身, 常世田良著. ― 第1版
            東京：学文社, 2010
```

タイトル記入
```
            トショカンジョウホウガクシリーズ 1
010.1       図書館概論 ／ 大串夏身, 常世田良著. ― 第1版
            東京：学文社, 2010
```

タイトル記入
```
            トショカンガイロン
010.1       図書館概論 ／ 大串夏身, 常世田良著. ― 第1版
            東京：学文社, 2010
```

記述ユニット
（原稿）
```
010.1       図書館概論 ／ 大串夏身, 常世田良著. ― 第1版
            東京：学文社, 2010
            148p；21cm. ― （図書館情報学シリーズ；1）
            内容：第1章 図書館とは何か？～（略）第8章 図書館
            職員の役割と資格（大串夏身）. 第9章 図書館の現状と
            将来（常世田良）
            ISBN 978-4-7620-2059-9

            t1. トショカンガイロン t2. トショカンジョウホウガクシリーズ 1
            a1. オオグシ, ナツミ a2. トコヨダ, リョウ s1. 図書館①010.4
```

t2は標目指示しなくてもよい。

2 書誌データ

（1の例の NACSIS-CAT 出力データ）

```
BOOK
<BB01771335>     CRTDT:20100423     CRTFA:FA005405     RNWDT:20100520
RNWFA:FA004923
GMD: SMD: YEAR:2010 CNTRY:ja TTLL:jpn TXTL:jpn ORGL:
ISSN: NBN: LCCN: NDLCN:
REPRO: GPON: OTHN:
VOL: ISBN: 9784762020599 PRICE: 1800円＋税 XISBN:
TR: 図書館概論　／　大串夏身，常世田良著　||　トショカン ガイロン
PUB: 東京：学文社　，2010.4
PHYS: 148p：挿図：21cm
NOTE: 読書案内：各章末
PTBL: 図書館情報学シリーズ　／　大串夏身，金沢みどり監修　||　トショカン ジョウ
ホウガク シリーズ <BA76476056> 1//a
AL: 大串，夏身（1948-）　||　オオグシ，ナツミ <DA00141953>
AL: 常世田，良（1950-）　||　トコヨダ，リョウ <DA14019743>
CLS: NDC8：010
CLS: NDC9：010
SH: BSH：図書館　||　トショカン // K
```

沖縄・奄美プライベート
ブックレビュー
100
島立
まぶい図書館
からの眺め
まぶい組編
しまーりつ

〈沖縄・奄美プライベート・ブックレビュー100〉
島立まぶい図書館からの眺め
しまーりつ

1996年3月12日第一刷発行

編著は、**まぶい組**です。

発行者は、宮城正勝です。

発行所は、ボーダーインクです。
　　　沖縄島那覇市与儀226-3
　　　098-835-2777　fax 098-835-2840
　　　郵便振替　02000-4-46204

印刷所は、㈲研文堂印刷です。

Ⓒ PROJECT MAV. 1996 Printed in OKINAWA

島立（しまーりつ）まぶい図書館からの眺め　／
まぶい組編
那覇　：　ボーダーインク，1996
215p　；　19cm．　—　（沖縄・奄美プライベート・
ブックレビュー　；　100）

t1. シマーリツ　マブイ　トショカン　カラノ　ナガメ
t2. オキナワ　アマミ　プライベート　ブックレビュー
100　a1. マブイグミ　s1. 図書館（公共）
①016.2199

4 書誌データ

（3の例の国立国会図書館書誌提供サービス（NDL-Bib）による MARC データ）

```
FMT      BK
LDR              nam a2200349 i 4500
001      000002530553
003      JTNDL
005      19970304000000.0
007      Ta
008      970304s1996   ja||||g|||| ||||||jpn
015      |a 97015114 |2 jnb
020      |c 1500円（税込）
040      |a JTNDL |b jpn |c JTNDL |e ncr/1977
084      |a GB2 |a GC311 |2 kktb
084      |a 025.8199 |2 njb/09
090      |a GB2-G39
24500    |6 880-01 |a 島立まぶい図書館からの眺め：|b 沖縄・奄美プライベートブッ
         クレビュー 100 / |c まぶい組 編著.
260      |a 那覇：|b ボーダーインク，|c 1996.3.
300      |a 215p ; |c 19cm.
651 7    |6 880-02 |a 沖縄県 |v 書目 |v 解題 |2 ndlsh |0 00584395
7102     |6 880-03 |a まぶい組 |0 00290364
88000    |6 245-01/$1 |a シマーリツ マブイ トショカン カラノ ナガメ.
88000    |6 245-01/ (B |a Shimaritsu mabui toshokan karano nagame.
880 7    |6 651-02/$1 |a オキナワケン |v ショモク |v カイダイ |0 00584395
880 7    |6 651-02/ (B |a Okinawaken |v Shomoku |v Kaidai |0 00584395
8802     |6 710-03/ (B |a Mabuigumi |0 00290364
8802     |6 710-03/$1 |a マブイグミ |0 00290364
SYS      005202247
```

5 （タイトルの頭部の事項，責任表示が原綴の場合，著者標目）

ライブラリアンのための
やさしい 統計学

Taverekere Srikantaiah
Herbert H. Hoffman

三浦逸雄 訳

丸善株式会社

ライブラリアンのための
やさしい 統計学

平成 6 年 12 月 24 日 発 行

訳 者 三 浦 逸 雄

発行者 鈴 木 信 夫
出版事業部 深山恒雄

発行所 丸 善 株 式 会 社 東京・日本橋

出版事業部 〒113 東京都文京区本郷二丁目38番3号
編集部 電話(03)5684-5081／FAX(03)5684-2458
営業部 電話(03)5684-5571／FAX(03)5684-2456
郵便振替口座 東京7－5番

© Itsuo Miura, 1994

組版印刷·中央印刷株式会社／製本·交通製本株式会社

ISBN 4-621-04017-0 C3000   Printed in Japan

ライブラリアンのためのやさしい統計学 ／
Taverekere Srikantaiah, Herbert H. Hoffman ; 三浦逸雄訳
東京 ： 丸善， 1994
181p ； 21cm
原タイトル：An introduction to quantitative
research methods for librarians. － 2nd. edition, revised
ISBN 4-621-04017-0

t1. ライブラリアン ノ タメ ノ ヤサシイ トウケイガク
a1. スリカンタイア，タベレカー a2. ホフマン，ハーバート H.
a3. ミウラ，イツオ sl. 図書館管理 ①013.5

〈NACSIS-CAT 出力データ〉

BOOK
<BN11858569>   CRTDT:19950123   CRTFA:FA003691   RNWDT:19960719
RNWFA:FA002010
GMD: SMD: YEAR:1994 CNTRY:ja TTLL:jpn TXTL:jpn ORGL:eng
ISSN: NBN: LCCN: NDLCN:
REPRO: GPON: OTHN:JLA:94047920
VOL: ISBN: 4621040170 PRICE: 2575 円 XISBN:
TR: ライブラリアンのためのやさしい統計学 ／ Taverekere Srikantaiah, Herbert H.
Hoffman [著]；三浦逸雄訳 || ライブラリアン ノ タメノ ヤサシイ トウケイガク
PUB: 東京：丸善 ， 1994.12
PHYS: vi, 181p ; 21cm
VT: OR : An Introduction to quantitative research methods for librarians
VT: VT: やさしい統計学 || ヤサシイ トウケイガク
NOTE: 原著第 2 版の翻訳
AL: * Srikantaiah, Taverekere <DA04919646>
AL: Hoffman, Herbert H., 1928- <DA00877271>
AL: 三浦，逸雄 (1946-) || ミウラ，イツオ 〈DA07059646〉訳
CLS: NDC9 : 417
CLS: NDC8 : 417
CLS: NDC8 : 010.7
CLS: NDC7 : 417.5
CLS: NDLC : UL21
CLS: NDLC : MA211
SH: BSH : 数理統計学 || スウリトウケイガク // L
SH: BSH : 図書館学 || トショカンガク // L

6 （責任表示3以上，シリーズ：下位シリーズ）

図書館情報学入門

1997年12月20日　初版第1刷発行

著　者　藤野　幸雄
　　　　荒岡　興太郎
　　　　山本　順一

発行者　江　草　忠　敬

発行所　株式会社　有　斐　閣
　　　　〔101〕東京都千代田区神田神保町2-17
　　　　電話 (03) 3264-1315 〔編集〕
　　　　　　　　3265-6811 〔営業〕

印刷　中村印刷株式会社・製本　吉田三誠堂製本所
© 1997, 藤野幸雄・荒岡興太郎・山本順一. Printed in Japan
落丁・乱丁本はお取替えいたします。
★定価はカバーに表示してあります。

ISBN 4-641-12042-0

図書館情報学入門　／　藤野幸雄 [ほか] 著. ── 初版
東京　：　有斐閣，1997
11. 230p　；19cm.　── （有斐閣アルマ．Interest）
他の著者：　荒岡興太郎，山本順一
ISBN　4-641-12042-0

t1. トショカン ジョウホウガク ニュウモン　t2. ユウヒカク アルマ. インタレスト
a1. フジノ，ユキオ　a2. アラオカ，コウタロウ　a3. ヤマモト，ジュンイチ
s1. 図書館学　①010.1

〈NACSIS-CAT 出力データ〉

BOOK
<BA33968809>　　　CRTDT:19980123　　CRTFA:FA016831　　RNWDT:20060720
RNWFA:FA007670
GMD: SMD: YEAR: 1997 CNTRY:ja TTLL:jpn TXTL:jpn ORGL:
ISSN: NBN: LCCN: NDLCN:
REPRO: GPON: OTHN:JLA:98002297
VOL: ISBN: 4641120420 PRICE: 1700 円 XISBN:
TR: 図書館情報学入門　／　藤野幸雄, 荒岡興太郎, 山本順一著　||　トショカン
ジョウホウガク　ニュウモン
PUB: 東京：有斐閣　, 1997.12
PHYS: xi, 230p：挿図；19cm
NOTE: 読書案内，引用文献：各章末
PTBL: 有斐閣アルマ　||　ユウヒカク　アルマ <BN1367947X> Interest// a
AL: 藤野, 幸雄（1931-2014）||　フジノ, ユキオ <DA0008892X>
AL: 荒岡, 興太郎（1939-）||　アラオカ, コウタロウ <DA00355764>
AL: 山本, 順一（1949-）||　ヤマモト, ジュンイチ <DA0307024X>
CLS: NDC8 : 010.1
CLS: NDC9 : 010.1
CLS: NDLC : UL21
SH: BSH : 図書館学　||　トショカンガク // L

7 タイトルが情報源によって異なるもの（タイトル名，注記）

岡野他家夫

近代日本名著と文献

有明書房・刊

日本近代名著と文献

文学博士　岡野他家夫

```
昭和 42 年 11 月 1 日　　印　　刷
昭和 42 年 11 月 10 日　　発　　行　　￥ 3,500
```

日 本 近 代 名 著 と 文 献

著　者　岡　野　他　家　夫

発行者　松　野　近　二　郎

東京都文京区本郷 6 － 8 （東大正門前）

発行所　有　明　書　房

日本近代名著と文献　／　岡野他家夫著
東京　：　有明書房，　1967
353p，　図版20枚　：　25cm
タイトルは奥付と背による
標題紙のタイトル：　近代日本名著と文献

t1. ニホン　キンダイ　メイチョ　ト　ブンケン　　t2. キンダイ　ニホン　メイチョ　ト　ブンケン
a1. オカノ，タケオ　　s1. 資料目録　　①028

8 （出版地・出版年，大きさ）

信濃の民話
文　吉田　京子
絵　小原　剛太郎
発行所　株式会社 ナカザワ
　　　長野県長野市柳原駅前
　　　郵便番号　380
　　　電話(0262)43－2801代
落丁本・乱丁本はおとりかえいたします。

信濃の民話　／　信濃のばばさ語り　；
吉田京子文　；　小原剛太郎絵
長野　：　ナカザワ，［19--］
56p　；　10×14cm

t1. シナノ　ノ　ミンワ　a1. シナノ　ノ　ババサ
a2. ヨシダ，キョウコ　a3. オハラ，ゴウタロウ　s1. 民話
―長野県　①388.152

9 （責任表示，出版者，シリーズ番号）

前島重方　高山正也　監修
新・図書館学シリーズ　1

図 書 館 概 論

〈編集〉前島 重方　　〈編集〉志保田 務
　　　　高橋 和子　　　　　　高山 正也
　　　　渡辺 信一　　　　　　共　著

樹 村 房
JUSONBO

新・図書館学シリーズ 1
図 書 館 概 論

平成10年3月31日　初版発行

著者©　　　　　　前 島 重 方（編集）
　　　　　　　　　志 保 田　務（編集）
　　　　　　　　　高 橋 和 子
　　　　　　　　　高 山 正 也
　　　　　　　　　渡 辺 信 一

検印廃止　　　発行者　　木 村　　繁

発行所　　株式会社 樹 村 房
　　　　　　　　　　JUSONBO

〒112-0002　東京都文京区小石川5丁目6番20号
　　　　　　電　話　東　京　(03) 3946-2476代
　　　　　　FAX　東　京　(03) 3946-2480
　　　　　　振替口座　　00190-3-93169

製版印刷・亜細亜印刷／製本・愛千製本

ISBN4-88367-001-5
乱丁・落丁本はお取り替えいたします。

図書館概論　／　前島重方，志保田務編著　；
高橋和子［ほか］共著
東京　：　樹村房，1998
10，183p　；　21cm.　—（新・図書館学シリーズ
／　前島重方，高山正也監修　；　1）
その他の著者：　高山正也，渡辺信一
ISBN　4-88367-001-5

t1. トショカン　ガイロン　t2. シン　トショカンガク
シリーズ　1　a1. マエジマ，シゲミチ　a2. シホタ，
ツトム　a3. タカハシ，カズコ　s1. 図書館情報学
①010.1

木原通夫・志保田務・高鷲忠美

資 料 組 織 法
演 習 問 題 集

緑版 《第 2 版》

志保田務・高鷲忠美

第一法規

資料組織法　演習問題集　緑版　《第 2 版》

1989年 4 月20日　初版発行
1998年 4 月20日　第 2 版 1 刷発行

編　者　木原通夫・志保田務・高鷲忠美
　　　　（第 2 版　志保田務・高鷲忠美）
発行者　田中英雄
発行所　第 一 法 規 出 版 株 式 会 社
　　　　東京都港区南青山 2 —11—17
　　　　電話　(03)3404—2251（大代表）

検 印
省 略

ISBN4-474-00791-3 C2000 (4) © 1998

資料組織法演習問題集．　緑版　／　木原通夫　［ほか］
編．—　第 2 版　／　志保田務，高鷲忠美 ［編］
東京　：　第一法規，1998
127p　；　21cm
ISBN　4-474-00791-3
内容：　A　分類法・件名法演習問題．—
B　目録法演習問題

t1. シリョウ　ソシキホウ　エンシュウ　モンダイシュウ. ミドリバン
a1. キハラ, ミチオ　a2. シホタ, ツトム　a3. タカワシ, タダヨシ
s1. 資料組織法　s2. 資料目録法　①014

11　（版次，出版者，出版年，タイトル）

簡 明
食 辞 林
第二版

小原哲二郎
細谷憲政
監　修

樹 村 房
JUSONBO

初　版　1985
第二版　1997

簡明 **食 辞 林**　第二版　　定価 本体**3,500円**（税別）

昭和60年9月1日　初版発行Ⓒ
平成8年4月1日　第9刷
平成9年4月25日　第二版第1刷Ⓒ

監修者　小 原 哲二郎
　　　　細 谷 憲 政
検印廃止　　　発行者　木 村　　繁

発行所　株式会社 樹 村 房
JUSONBO

〒112 東京都文京区小石川5丁目6番20号
電　話　東京 (03) 3946-2476代
FAX　東京 (03) 3946-2480
振替口座　00190-3-93169

製版印刷　亜細亜印刷㈱
本文用紙　王子製紙江戸川工場
表紙　東洋クロス㈱
製本　㈱関製本

ISBN4-88367-000-7

乱丁・落丁本はお取り替えいたします。

簡明食辞林　／　小原哲二郎，細谷憲政監修.
― 第2版
東京　：　樹村房，1997
5, 1141p　；　20cm
ISBN　4-88367-000-7

t1. カンメイ　ショクジリン　a1. オバラ，テツジロウ
a2. ホソヤ，ノリマサ　s1. 食品工業―辞典　①588.033

12

12 （大きさ，変形本，責任表示）

シリーズ・子どもとつくる　48
サーカス芸入門

1998年 2 月13日第 1 刷発行　　定価はカバーに表示してあります

著　者　IKUO　三橋

発行者　中川　　定

〒113-0033 東京都文京区本郷2・11・9

発行所　株式会社 大月書店　印刷 三晃印刷
製本 関山製本

電話(営業)3813・4651(編集)3814・2931　振替 00130-7・16387

©Printed in Japan

本書の内容の一部あるいは全部を無断で複写複製(コピー)することは
法律で認められた場合を除き、著作者および出版社の権利の侵害とな
りますので、その場合にはあらかじめ小社あて許諾を求めてください。

ISBN4・272・61148・8　C0337

©Ikuo Mitsuhashi 1998

サーカス芸入門　／　Ikuo 三橋著
東京　：　大月書店，1998
75p　：　21×22cm.　―　（シリーズ子どもとつくる
；　48)
ISBN　4-272-61148-8

t1. サーカスゲイ　ニュウモン　t2. シリーズ　コドモ　ト　ツクル　48
a1. ミツハシ，イクオ　s1. サーカス　①779.5

〈NACSIS-CAT 出力データ〉

BOOK
<BA35226444>　　CRTDT:19980416　　CRTFA:FA003079　　RNWDT:19980416
RNWFA:FA003079
GMD: SMD: YEAR: 1998 CNTRY:ja TTLL:jpn TXTL:jpn ORGL:
ISSN: NBN: LCCN: NDLCN:
REPRO: GPON: OTHN:JLA:98006871
VOL: ISBN: 4272611488 PRICE: ¥1600 XISBN:
TR: サーカス芸入門　／　Ikuo 三橋著　||　サーカスゲイ　ニュウモン
PUB:東京：大月書店　，1998.2
PHYS: 75p；21×22cm
PTBL: シリーズ子どもとつくる　||　シリーズ　コドモ　ト　ツクル <BN01146404> 48// a
AL: Ikuo,三橋（1945-）　||　イクオ，ミツハシ <DA11262257>
CLS: NDC8 : 779.5
CLS: NDC9 : 779.5
SH: BSH：サーカス　||　サーカス // L

13 （タイトル関連情報，ページ数）

中公新書 1410

津野海太郎著

新・本とつきあう法

活字本から電子本まで

中央公論社刊

新・本とつきあう法　1998年 4 月15日印刷
中公新書 1410　1998年 4 月25日発行
©1998年
検印廃止

著　者　津野海太郎
発行者　笠　松　巌

本文印刷　三晃印刷
カバー印刷　大熊整美堂
製　本　小泉製本

◇定価はカバーに表示してあ
　ります。
◇落丁本・乱丁本はお手数で
　すが小社販売部宛にお送り
　ください。送料小社負担に
　てお取り替えいたします。

発行所　中央公論社
〒104-8320
東京都中央区京橋 2-8-7
電話　販売部 03-3563-1431
　　　編集部 03-3563-3666
振替　00120-4-34

Printed in Japan　ISBN4-12-101410-3 C1236

新・本とつきあう法　：　活字本から電子本まで
／　津野海太郎著
東京　：　中央公論社，　1998
3, 193p ；　18cm.　― （中公新書 ；　1410）
ISBN　4-12-101410-3

t1. シン　ホント　ト　ツキアウ　ホウ　t2. チュウコウ　シンショ　1410
a1. ツノ, カイタロウ　s1. 読書　①019

書誌をつくる 下巻

1997年11月25日　第１刷発行

編　集／海野敏・小田光宏・岸田和明・戸田愼一
発行者／大高利夫
発行所／日外アソシエーツ株式会社
　　　　〒143 東京都大田区大森北1-23-8 第3下川ビル
　　　　電話(03)3763-5241(代表)
発売元／株式会社紀伊國屋書店
　　　　〒163-91 東京都新宿区新宿3-17-7
　　　　電話(03)3354-0131(代表)
　　　　ホールセール部(営業) 電話(03)3439-0128

印刷・製本／株式会社平河工業社

不許複製・禁無断転載　　　《中性紙三菱春容用紙イエロー使用》
(落丁・乱丁本はお取り替えいたします)
ISBN4-8169-1463-3　　　*Printed in Japan, 1997*
インターネットのホームページ http://www.nichigai.co.jp/

書誌をつくる 上巻

1997年11月25日　第１刷発行

編　集／海野敏・小田光宏・岸田和明・戸田愼一
発行者／大高利夫
発行所／日外アソシエーツ株式会社
　　　　〒143 東京都大田区大森北1-23-8 第3下川ビル
　　　　電話(03)3763-5241(代表)
発売元／株式会社紀伊國屋書店
　　　　〒163-91 東京都新宿区新宿3-17-7
　　　　電話(03)3354-0131(代表)
　　　　ホールセール部(営業) 電話(03)3439-0128

印刷・製本／株式会社平河工業社

不許複製・禁無断転載　　　《中性紙三菱春容用紙イエロー使用》
(落丁・乱丁本はお取り替えいたします)
ISBN4-8169-1462-5　　　*Printed in Japan, 1997*
インターネットのホームページ http://www.nichigai.co.jp/

書誌をつくる　／　海野敏 [ほか] 編著
東京　：　日外アソシエーツ　：　紀伊國屋書店（発売），
1997
2 冊　：　21cm
他の編著者：　小田光宏，岸田和明，戸田愼一
上巻：　295p.　－　ISBN　4-8169-1462-5
下巻：　295p.　－　ISBN　4-8169-1463-3

t1. ショシ　オ　ツクル　a1. ウミノ, ビン　s1. 書誌学　①020

15 （責任表示，原タイトル，タイトル関連情報，タイトル標目）

コンサイスAACR2R
プログラム式演習

エリック J. ハンター 著

マーガレット E. グラハム 協力

志保田務　岩下康夫　共訳

日本図書館研究会
1998

コンサイスAACR2R：プログラム式演習

1998年6月30日　　　　　　　　　　　　　本体価格　2,000円（税別）

著　者　エリック J. ハンター

訳　者　志保田務，岩下康夫

発行所　日本図書館研究会
〒531-0072　大阪市北区豊崎3-8-5-108
電話&FAX　06-371-8739　電子メール CZS04500@niftyserve.or.jp

印刷・製本　㈱柴原出版　　　　　　　　　　ISBN 4-930992-11-7

コンサイス AACR2R　：　プログラム式演習　／
エリック J. ハンター著　：　マーガレット E. グラハム
協力　：　志保田務，　岩下康夫共訳
大阪　：　日本図書館研究会，　1998
186p　：　21cm
原タイトル：　A guide to The concise AACR2
1998 revision
ISBN　4-930992-11-7

t1. コンサイス　エーエーシーアールツーアール　a1. ハンター, エリック J.
a2. グラハム, マーガレット E.　a3. シホタ, ツトム　a4. イワシタ, ヤスオ
s1. 資料目録法　①014.32

INVISIBLIE COLLEGES

見えざる大学
科学共同体の知識の伝播

ダイアナ・クレーン著
津田良成監訳
岡沢和世訳

敬文堂

見えざる大学　　定価1900円
昭和54年7月20日　初版発行

訳　者　津　田　良　成
　　　　岡　沢　和　世
発行者　竹　内　礼　二
印刷所　信毎書籍印刷株式会社
発行所　株式会社　敬文堂
東京都新宿区早稲田鶴巻町516
電話(203)6161代　振替東京23737

乱丁・落丁はお取り替えいたします

3036-079736-1846

見えざる大学　：　科学共同体の知識の伝播　／
ダイアナ・クレーン著　；　津田良成監訳　：
岡沢和世訳．　—　初版
東京　：　敬文堂，1979
8，260，7p；　20cm
原タイトル：　Invisible colleges
標題紙の並列タイトル（誤植）：　Invisiblie colleges

t1. ミエザル　ダイガク　a1. クレーン，ダイアナ
a2. ツダ，ヨシナリ　a3. オカザワ，カズヨ　s1. 社会学
①361

〈NACSIS-CAT 出力データ〉

```
BOOK
<BN00648291>  CRTDT:19870220 RNWDT:20100610 RNWFA:FA001878
GMD: SMD: YEAR: 1979 CNTRY:ja TTLL:jpn TXTL:jpn ORGL:eng
ISSN: NBN:JP80021221 LCCN: NDLCN:
REPRO: GPON: OTHN:
VOL: ISBN: PRICE: 1900 円 XISBN:
TR: 見えざる大学：科学共同体の知識の伝播　／　ダイアナ・クレーン著；津田良成監訳　||
ミエザル　ダイガク：カガク　キョウドウタイ　ノ　チシキ　ノ　デンパ
PUB: 東京：敬文堂　，1979.7
PHYS: 8, 260, 7p；20cm
VT: OR : Invisible colleges
NOTE: 訳：岡沢和世
NoTE: 参考文献：p243-260
NoTE: 原著（c1972）の翻訳
AL: Crane, Diana, 1933-<DA00705618>
AL: 岡沢，和世　||　オカザワ，カズヨ <DA01443889>
AL: 津田，良成（1922-）||　ツダ，ヨシナリ <DA00188618>
CLS: NDC8 : 361
CLS: NDC6 : 361
CLS: NDLC : M22
SH: NDLSH : 科学と社会　||　カガクトシャカイ // K
SH: MESH : Science // K
SH: MESH : Sociology // K
SH: MESH : Research // K
```

9
4
6
2
7

石黒達昌
Ishiguro Tatsuaki

ベネッセ

94627

1995年8月5日　第1刷印刷
1995年8月10日　第1刷発行

著　者　石黒　達昌
発行者　福武總一郎
発行所　株式会社 ベネッセコーポレーション
　　　　〒206-88 東京都多摩市落合1－34
　　　　電話　ご注文・問い合わせ(0480)23-9233
　　　　　　　編集(0423)56-0940
印刷所　大日本印刷
製本所　大口製本
©Tatsuaki Ishiguro 1995　　　Printed in Japan
ISBN4-8288-2512-6 C0093　　NDC914 194 232

94627　／　石黒達昌著
東京　：　ベネッセ，　1995
255p　；　20cm
ISBN　4-8288-2512-6

t1. キュウヨンロクニシチ　a1. イシグロ，タツアキ
①913.6

図書館人生
五十年

木 村 秀 明 著

図書館人生５０年

非　売　品

1998年10月6日　印刷・発行
発行所　宗像市自由ケ丘南１－６－１
（〒811-4156）　Tel. 0940-33-8700
　　　　　　　　　Fax.0940-33-9572
印刷所　タイム社印刷株式会社
製本所　篠原製本株式会社

図書館人生五十年　／　木村秀明著
宗像　　：　　［木村秀明］，　1998
135p　　：　　22cm
非売品

t1. トショカン　ジンセイ　ゴジュウネン　a1. キムラ，ヒデアキ
s1. キムラ，ヒデアキ（木村秀明）　①289.1　②010.21

学校図書館の
活用実践事例集

学校図書館活性化研究会 編

第一法規

学校図書館の活用実践事例集

発　行　平成 9 年 9 月 1 日
編　集　学校図書館活性化研究会
発行者　田 中 英 雄
発行所　第一法規出版株式会社
　　　　〒107　東京都港区南青山 2 -11-17
　　　　TEL　03-3404-2251 (大代表)
　　　　FAX　03-3479-1747

学校図書館の活用実践事例集　／　学校図書館活性化研究
会編
東京　：　第一法規，　1997
1 冊　（加除式）　：　25cm
ISBN　4-474-60067-3

t1. ガッコウ　トショカン　ノ　カツヨウ　ジッセン　ジレイシュウ
a1. ガッコウトショカンカッセイカケンキュウカイ
s1. 学校図書館　①017

〈NACSIS-CAT 出力データ〉
※ NACSIS-CAT による VOL 積の表示。

BOOK
<BA32933081>　　　CRTDT:19971111　　　CRTFA:FA002145　　　RNWDT:20161111
RNWFA:FA026165
GMD: SMD: YEAR: 1997 CNTRY:ja TTLL:jpn TXTL:jpn ORGL:
ISSN: NBN: LCCN: NDLCN:
REPRO: GPON: OTHN:
VOL: 1 ISBN: 4474600673 PRICE: XISBN:
VOL: 2 ISBN: PRICE: XISBN:
TR: 学校図書館の活用実践事例集　／　学校図書館活性化研究会編　||　ガッコウ　トショ
カン　ノ　カツヨウ　ジッセン　ジレイシュウ
PUB: 東京：第一法規　，1997.9-
PHYS: 2 冊（加除式）：27cm
AL: 学校図書館活性化研究会　||　ガッコウ　トショカン　カッセイカ　ケンキュウカイ　< >
CLS: NDC8 : 017
SH: NDLSH : 学校図書館　||　ガッコウトショカン // K

平成9年版
国民生活白書
働く女性—新しい社会システムを求めて

培

経済企画庁 編　大蔵省印刷局 発行

国民生活白書（平成9年版）

平成9年11月5日　発行	定価は表紙に表示 してあります

編集　経済企画庁
〒100
東京都千代田区霞が関3－1－1
電話　03 (3581) 0261

発行　大蔵省印刷局
〒105
東京都港区虎ノ門2－2－4
電話　03 (3587) 4283～9
（業務部図書課ダイヤルイン）

落丁・乱丁本はおとりかえします。

ISBN4-17-190472-2

21　（別タイトル，横長本）

渡辺正和写真集
シュプール SPUR

1997年12月25日　初版第1刷発行

渡辺正和写真集
Watanabe Masakazu

SPUR
シュプール

立山
TATEYAMA

海和
KAIWA

デモンストレーター
DEMONSTRATOR

白いサーカス
WHITE CIRCUS

パラダイス
PARADISE

著者　渡辺正和 ©

発行者　川崎吉光

発行所　株式会社　山と渓谷社
〒105-8503 東京都港区芝大門1-1-33
電話　東京(03)3436-4055(営業部)
　　　　　(03)3436-4024(編集部)
振替　00180-6-60249

印刷・製本　凸版印刷株式会社

装丁・デザイン　宮内裕之(宮内デザイン事務所)

協力　アフロ・フォトエージェンシー・㈱B全
松本里佳　Lisa MATSUMOTO(英訳)

協賛　**Nikon**

使用機材　ニコンF3P,F4S,F4E,F5
20〜35mmF2.8D,80〜200mmF2.8D
300mmF2.8D,400mmF2.8S,600mmF4D

使用フィルム　コダクロームKR64,PKR64,KM25,
T-MAXプロフェッショナル(TMX100,TMY400)

SPUR

ISBN 4-635-83003-9 C0075

シュプール　：　渡辺正和写真集　／　渡辺正和著.
― 初版
東京　：　山と渓谷社，　1997
104p　；　27×34cm
別タイトル：　Spur

t1. シュプール　t2. ワタナベ　マサカズ　シャシンシュウ
a1. ワタナベ, マサカズ　s1. スキー―写真集　①784.3

対談集　九つの問答

一九九五年七月一日第一刷発行

著　者　　司馬遼太郎

発行者　　川橋啓一

発行所　　朝日新聞社

〒104-11　東京都中央区築地五―三―二
電話　〇三―三五四五―〇一三一（代表）
編集・書籍編集部　販売・書籍販売部
振替　〇〇一〇〇―七一―一七三〇

印刷所　　大日本印刷

・定価はカバーに表示してあります

九つの問答　：　司馬遼太郎対談集　／　司馬遼太郎著
東京　：　朝日新聞社，1995
232p　：　22cm
対談相手：　井筒俊彦ほか
ISBN　4-02-256871-2

t1. ココノツ　ノ　モンドウ　a1. シバ，リョウタロウ
①914.6

10日でおぼえる
Visual Basic5.0入門教室

1997年10月10日　初版第1刷発行
1998年 8月10日　初版第5刷発行

著　者　VBテックラボ＆瀬戸遥（せと・はるか）
発行人　速水浩二
発行所　株式会社翔泳社
　　　　〒160-0006　東京都新宿区舟町5番
　　　　出版局営業部　TEL 03-5362-3810
　　　　　　　　　　　　FAX 03-5362-3817
　　　　出版局編集部　TEL 03-5362-3833
　　　　　　　　　　　　FAX 03-5362-3818
印刷・製本　株式会社昭和工業写真印刷所
カバー装丁　大修千鶴子（az! firm）

©1997 VB Tech Lab. & HARUKA SETO

＊本書の一部または全部を著作法の定める範囲を超え、
無断で複写、複製、転載、テープ化、データファイル化す
ることを禁じます。

＊本書の内容に関するご質問は、ご面倒でも必ず文書ま
たは電子メール（mail-web@shoeisha.co.jp）にて編集部ま
でお寄せください。

ISBN 4-88135-536-8　C3055

10日（とおか）でおぼえる Visual Basic 5.0 入門教室　／
VB テックラボ，瀬戸遥著． ― 初版
東京 ： 翔泳社，1997
30，433p ； 23cm ＋ CD-ROM（1枚 ： 12cm）
付属 CD-ROM は Windows95 ／ NT4に対応
ISBN 4-88135-536-8

t1. トオカ デ オボエル ビジュアル ベーシック ゴ テン レイ ニュウモン キョウシツ
a1. ヴィビーテックラボ　a2. セト，ハルカ　s1. プログラミング（コンピュータ）
①007.64

産業界シリーズNo.436

出版業界

清水英夫 著
小林一博

教育社新書

1985年7月25日　第1刷

産業界シリーズ・436

出版業界　　　　　　　　　定価1200円

著 者──清水　英夫
　　　　　小林　一博
発行者──高森　圭介
発行所──株式会社　教 育 社
販 売──教育社出版サービス株式会社
　　　　　〒102 東京都千代田区富士見2─11─10 丸十ビル
　　　　　電話（03）264─5477 ㈹
編集協力／株式会社コモンズ
ISBN4-315-50037-2　　　©清水英夫　小林一博　1985
落丁本・乱丁本はお取り替えいたします。

出版業界　／　清水英夫，小林一博著
東村山　：　教育社, 1985
214p　：　18cm. ─ （教育社新書.
産業界シリーズ　；　436）
ISBN　4-315-50037-2

t1. シュッパンギョウカイ　a1. シミズ，ヒデオ
a2. コバヤシ，カズヒロ　s1. 出版社　①023

（中扉）

世界教養全集　32

ド・クライフ
微生物を追う人々
ズヴォルィキン　シュハルジン
技術のあけぼの

平凡社刊

技術のあけぼの　微生物を追う人々

桝本セツ訳　S・A・V・シュハルジン　A・A・ズヴォルィキン　秋元寿恵夫訳　ド・クライフ
三七　三

1963年6月29日　発行
訳　者　秋元寿恵夫
　　　　桝本　セツ
発行所　平　凡　社
東京都千代田区四番町4

A
　世界教養全集　：　32
　東京　：　平凡社，1963
　493p　19cm
　32：微生物を追う人々　／　ド・クライフ著　；　秋元寿恵夫訳.
　技術のあけぼの　／　A. A. スヴォルィキン, S. V. シュハルジン共
　著　：　桝本セツ訳

　t1. セカイ　キョウヨウ　ゼンシュウ　32　t2. ビセイブツ　オ　オウヒトビト
　t3. ギジュツ　ノ　アケボノ　a1. ド・クライフ　a2. スヴォルィキン，A.A.
　a3. シュハルジン，S.V.　s1. 微生物　s2. 技術―歴史
　①465　②502

B
465　微生物を追う人々　／　ド・クライツ［著］　：　秋元寿恵夫訳.
　技術のあけぼの　／　A. A. ズヴォルィキン, S. V. シュハルジン
　［著］　：　桝本セツ訳
　東京　：　平凡社，1963
　439p　：　19cm. ―　（世界教養全集　：　32）

　t1. ビセイブツ　オ　オウ　ヒトビト　t2. ギジュツ　ノ　アケボ
　ノ　t3. セカイ　キョウヨウ　ゼンシュウ　32　a1. ド・クライフ
　a2. スヴォルィキン，A.A.　a3. シュハルジン，S.V.　s1. 微生物
　s2. 技術―歴史
　①465　②502

全12巻シリーズ

現代人の教養
BRITANNICA PERSPFCTIVES
教育と人格
Education
これからの教育はどうあるべきか

ロバート・M・ハッチンズ著
日本語版監修
永 井 道 雄
笠 井 真 男訳

エンサイク

現代人の教養　1　教育と人格

昭和43年 4 月10日　印刷	定価 570 円
昭和43年 4 月20日　発行	

著　者　R．M．ハッチンズ
訳　者　笠　井　真　男
監修者　永　井　道　雄
発行者　ウィリアム・ベントン

発行所　エンサイクロペディア　ブリタニカ日本支社
東京都新宿区角筈2-74永和ビル　電話(342)1351～65 振替(東京)41615

印刷・製本 凸版印刷株式会社　　　　　Printed in Japan

教育と人格　ロバート　／　M．ハッチンズ著；笠井真男訳
東京　：　エンサイクロペディア　ブリタニカ日本支社,
1968
320p；19cm. — （現代人の教養. — 日本語版　／
永井道雄監修）

1. ゲンダイジン ノ キョウヨウ　2. キョウイク ト ジンカク　a1. ハッチンズ, ロバート M.
sl. 教育　①370.4

26B　集合レベル

現代人の教養
9　宗教の意味　ジョハン・コグレー著　柳川啓一訳
10　法と人間関係　ロン・L.フラー著　藤倉一郎訳
11　政治的時代　ハーベー・フィーラー著　近藤栄一訳
12　現代の社会　レイモン・アロン著　松原洋三訳

現代人の教養
6　言語と人間　マックス・ブラック著　金関寿夫訳
7　技術と文明　ロバート・J.フォーブス著　赤木昭夫
訳
8　現代医学の方法　ルネ・デュボス著　田中英彦訳
　　　　　　　　　　　（つぎのカードにつづく）

現代人の教養
3　新しい経済学　エリック・ロール著　竹内靖雄訳
4　新しい数学の展開　マーク・カチ，スタニスラウ
M.ウラム著　石原繁訳
5　自然への挑戦　ロイ・マクマレン著　小尾信弥訳
　　　　　　　　　　　（つぎのカードにつづく）

現代人の教養
東京　エンサイクロペディア　ブリタニカ日本支社　1968
12冊　19cm
1　教育と人格　ロバート・M.ハッチンズ著　笠井真
男訳
2　現代人の芸術　ロイ・マクマレン著　島村力訳
　　　　　　　　　　　（つぎのカードにつづく）

1. ｹﾞﾝﾀﾞｲｼﾞﾝ ﾉ ｷｮｳﾖｳ　2. ｷｮｳｲｸﾄ ﾄ ｼﾞﾝｶｸ　3. ｹﾞﾝﾀﾞｲｼﾞﾝ ﾉ ｹﾞｲｼﾞｭﾂ
a1. ﾊｯﾁﾝｽﾞ, ﾛﾊﾞｰﾄ M.　a2. ﾏｸﾏﾚﾝ, ﾛｲ　s1. 教育　s2. 芸術
①370.4　②704

第 1 巻第 1 号通巻第 1 号
昭和56年 6 月 2 日国鉄首都特別扱承認雑誌第5664号

ビーパル
第 1 巻第 1 号（昭和56年 7 月）
東京　小学館
26cm
月刊
ローマ字誌名：BE-PAL

1.　ビーパル

ビーパル.　—　第 1 巻第 1 号
（昭和56年 7 月）
東京　：　小学館，1981-
　　　冊；26cm
刊行頻度　：　月刊

t1. ビーパル

創刊号表紙

最　終　号

50冊の本（第4巻第3号）
昭和56年3月号
昭和56年3月1日発行　定価四〇〇円
編集人
発行人　千家紀彦
発行所　玄海出版株式会社
〒160　東京都新宿区高田馬場1−28−7−605
●本誌は今月号をもって休刊し、五月下旬、季刊誌として再出発します。ご期待ください。

実際はこの号で終刊

a

50冊の本. ― 第1巻第1号（昭和53年5月）― 第4巻第3号（昭和56年3月）
東京 ： 玄海出版, 1978-1981
35冊 ； 21cm
刊行頻度： 月刊
英文タイトル： Monthly book review

（つぎのカードにつづく）
tl. ゴジッサツ　ノ　ホン

b

50冊の本
所蔵：
第4巻第1号（昭和56年1月号）

tl. ゴジッサツ　ノ　ホン

29　地図資料

```
名古屋市史跡名称地図［地図資料］
名古屋市教育委員会編. ― 1 : 35,000
［名古屋］: 名古屋市教育委員会, 1972
1枚 : 5色刷 ; 60×86cm
裏面: 名古屋市史跡名称一覧




tl. ナゴヤシ　シセキ　メイショウ　チズ
al. ナゴヤシキョウイクイインカイ
sl. 名古屋市―地図　①291.55
```

30　点字資料

```
マタイによる福音書［点字資料］
東京 : 日本聖書協会, ［197-］
1冊 : 28cm. ― （点字口語新約聖書 : 1）




tl. マタイ　ニ　ヨル　フクインショ
sl. 聖書―新約―福音書　①193.61
```

31　録音資料（コンパクト・ディスク）

```
オータム［録音資料］ ／ ジョージ・ウィンス
トンピアノ
東京 : アルファレコード, 1980
録音ディスク1枚（30分） : ステレオ :
12cm
標題はケース背による。
レーベル標題は George Winston autumn
コンパクト・ディスク（CD）
ワーナーパイオニア　38×B―8


tl. オータム　al. ウィンストン，ジョージ
```

32 a　映像資料（ビデオカセット）

> ティファニーで朝食を［映像資料］　／
> ブレイク・エドワーズ監督
> ［東京］　：　CIC・ビクター（発売），c1984
> ビデオカセット1巻（114分）　：　VHS，字幕スー
> パー，カラー
> 原作：トルーマン・カポーティ
> 出演：オードリー・ヘプバーンほか
> CIC Video 76505　¥18,800
> 英語標題：　Breakfast at Tiffany's
>
> t1. ティファニー　デ　チョウショク　オ
> a1. エドワーズ，ブレイク　a2. ヘプバーン，
> オードリー

32 b　映像資料（ビデオディスク）

> ショパン　ピアノ協奏曲第1番　ホ短調
> 作品11［映像資料］　／　スタニスラフ・ブーニン
> ピアノ
> ［東京］　：　NHKサービスセンター　（制作）　：
> CBS・ソニー（発売），c1986
> ビデオディスク1枚（43分）　：　CLV：30cm　+
> 解説シート
> 英語標題：Chopin, piano concerto no. 1
> 指揮：ダテウシュ・ストルガワ
> 演奏：ワルシャワ・フィルハーモニー交響楽団
> 68LC 103　¥6,800
>
> t1. ショパン　ピアノ　キョウソウキョク 1
> a1. ブーニン，スタニスラフ
> a2. ストルガワ，ダテウシュ

33　マイクロ資料

> 国語學資料集成［マイクロ資料］
> 東京　：　雄松堂フイルム出版，1973
> マイクロフィルムリール54巻　：　35cm
> 静嘉堂文庫所蔵
>
> t1. コクゴガク　シリョウ　シュウセイ
> s1. 国語学　①810.8

34 参照（を見よ）

a 著　者

ナツメ，キンノスケ
　（夏目金之助）
　　ナツメ，ソウセキを見よ
　　　（夏目漱石）

b タイトル

ニッポン……
　（日本……）
　　ニホン……　を見よ
　　　（日本……）

c 件　名

ホン（本）
　トショ（図書）を見よ

35 参照（をも見よ）

a 著者

クリモト，カオル
　（栗本　薫）
　　ナカジマ，アズサをも見よ
　　（中島　梓）

ナカジマ，アズサ
　（中島　梓）
　　クリモト，カオルをも見よ
　　（栗本　薫）

b タイトル

アア　ムジョウ
（ああ無情）
　　レ　ミゼラブルをも見よ

レ　ミゼラブル
　アア　ムジョウをも見よ
　　（ああ無情）

c 件　名

ガッコウトショカン（学校図書館）
　ジドウトショカン（児童図書館）をも見よ

ジドウトショカン（児童図書館）
　ガッコウトショカン（学校図書館）をも見よ

36 典拠ファイル（カード）

a 著者名

```
    ナツメ，ソウセキ
    夏目漱石

        国立国会図書館著者名典拠録　1979
        本名：夏目金之助
```

```
        ナツメ，キンノスケ
        （夏目金之助）
            ナツメ，ソウセキを見よ
            （夏目漱石）
```

b 件　名

```
        ケッコン
        （結婚）
    （出典）　　　　広辞苑
    （最初の資料名）　結婚　川島武宣
            岩波書店　1960
```

37 件名索引（カード）

```
        ケッコン
        （結婚）
        社会問題　367.4
        統計学　358
        民　俗　385.4
        民　法　324.62
        倫　理　152.2
```

38 印刷カード，Web データ

a 国立国会図書館

ふたたび歴史の中に　スペイン1977年 6 月　酒井猛写真
東京　水夢社　1978.4
80p　20 × 23cm
副書名：41年ぶりに歴史の中に甦った現代スペイン　'77　6 月
の歴史的な総選挙のドキュメント写真集

1 Hutatabi rekisi no nakani　　al Sakai, Takesi　　sl スペイン
─政治　① GG572　Ⓝ312.36

2000円

GG572-17

国図78-19615

b NDL Search データ

ふたたび歴史の中に：スペイン1977年 6 月
酒井猛　写真
　詳細情報

タイトル	ふたたび歴史の中に：スペイン1977年6月
著者	酒井猛　写真
著者標目	酒井，猛，1948-
出版地（国名コード）	JP
出版地	東京
出版社	水夢社
出版年月日等	1978.4
大きさ，容量等	80p；20×23cm
注記	副書名：41年ぶりに歴史の中に甦った現代スペイン　'77.6月の歴史的な選挙ドキュメント写真集
価格	2000円（税込）
JP 番号	78025830
出版年（W3CDTF）	1978
件名（キーワード）	スペイン-- 政治
NDLC	GG572
NDC	312.36
対象利用者	一般
資料の種別	図書
言語（ISO639-2形式）	jpn：日本語

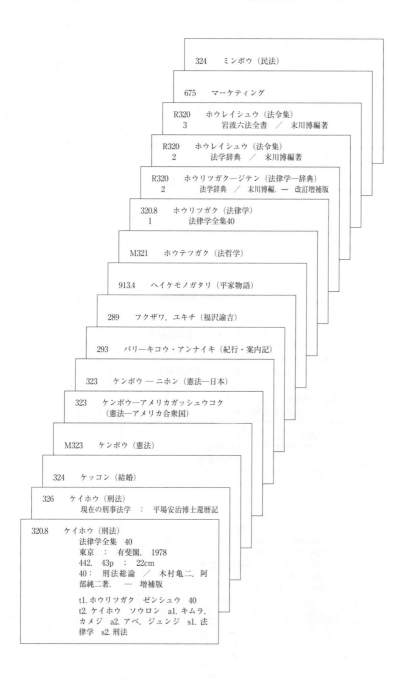

324　　ミンボウ（民法）

675　　マーケティング

R320　　ホウレイシュウ（法令集）
　　3　　　岩波六法全書　／　末川博編著

R320　　ホウレイシュウ（法令集）
　　2　　　法学辞典　／　末川博編著

R320　　ホウリツガク―ジテン（法律学―辞典）
　　2　　　法学辞典　／　末川博編.　―　改訂増補版

320.8　　ホウリツガク（法律学）
　　1　　　法律学全集40

M321　　ホウテツガク（法哲学）

913.4　　ヘイケモノガタリ（平家物語）

289　　フクザワ，ユキチ（福沢諭吉）

293　　バリ―キコウ・アンナイキ（紀行・案内記）

323　　ケンボウ ― ニホン（憲法―日本）

323　　ケンボウ―アメリカガッシュウコク
　　　　（憲法―アメリカ合衆国）

M323　　ケンボウ（憲法）

324　　ケッコン（結婚）

326　　ケイホウ（刑法）
　　　　現在の刑事法学　：　平場安治博士還暦記

320.8　　ケイホウ（刑法）
　　　　法律学全集　40
　　　　東京　：　有斐閣．　1978
　　　　442，43p　；　22cm
　　　　40：　刑法総論　／　木村亀二，阿
　　　部純二著．　―　増補版

　　　　t1. ホウリツガク　ゼンシュウ　40
　　　　t2. ケイホウ　ソウロン　a1. キムラ，
　　　カメジ　a2. アベ，ジュンジ　sl. 法
　　　律学　s2. 刑法

326	326.04	
1	現代の刑事法学　：　平場安治博士還暦記	

324	324.62	
1	結婚	

324	324	
1	消費者のための民法入門　：　消費者	

323	323.53	
1	現代アメリカ憲法　／　T.I. エマスン	

323	323.14	
2	憲法と国民生活　／　渡辺洋三著	

M323	323	
1	世界憲法集　／　宮沢俊義編	

M321	321.1－ヘーゲル，G.W. フリードリッヒ	
1	ヘーゲル法哲学批判序論	

R32	320.91	
3	岩波六法全書　／　末川博編著	

R32	320.91	
1	岩波六法全書　／　末川博編著	

320.8	320.8	
1	法律学全集　40	

R32	320.3	
2	法学辞典　／　末川博編.	
	改訂増補版	

32　法　　　　律
321　法学. 法哲学
322　法制史. 外国法
323　憲法. 行政法
324　民法. 私法一般
325　商　　　法
326　刑　　　法
327　司法. 訴訟手続法. 法務
328　〔諸　　法〕
329　国　際　法

41 書架目録例（図書記号は受入順記号を使用）

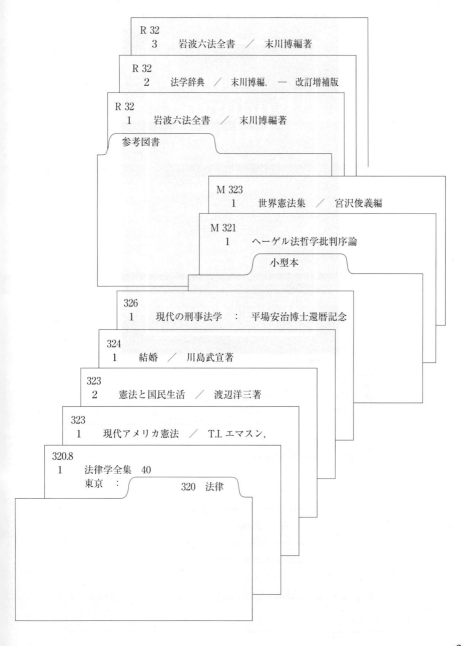

R 32
3　　岩波六法全書　／　末川博編著

R 32
2　　法学辞典　／　末川博編.　―　改訂増補版

R 32
1　　岩波六法全書　／　末川博編著

参考図書

M 323
1　　世界憲法集　／　宮沢俊義編

M 321
1　　ヘーゲル法哲学批判序論

小型本

326
1　　現代の刑事法学　：　平場安治博士還暦記念

324
1　　結婚　／　川島武宜著

323
2　　憲法と国民生活　／　渡辺洋三著

323
1　　現代アメリカ憲法　／　T.I. エマスン,

320.8
1　　法律学全集　40
　　　東京　：　　　　　　　320　法律

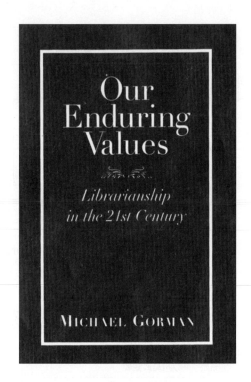

Gorman, Michael.
　Our enduring values : librarianship in the
21st century / Michael Gorman. — Chicago :
American Library Association, 2000.
　ix, 188 p. ; 23 cm.
　Includes bibliographical references and index.
　ISBN 0838907857 (pbk.)

　I. Title.

Practical Cataloguing
AACR, RDA and MARC 21

〈RDA の記述例：Library of Congress Catalog
による MARC 表示〉

```
000  01811cam a2200349 i 4500
001  17144859
005  20141008122146.0
008  120201s2012    nyua   b    001 0 eng
906  __  |a 7 |b cbc |c orignew |d 1 |e ecip |f 20 |g y-gencatlg
925  0_  |a acquire |b 2 shelf copies |x policy default
            |b rg11 2012-02-01 |i rg11 2012-02-01（held for author query）; 2012-02-02 to Dewey |w rb07
955  __  2012-02-09 |a xe09 2012-07-12 2 copies rec'd., to CIP ver. |f re13 2012-07-19 Copy 1 Barcode
            00316940390 to BCCD
010  __  |a 2012000552
020  __  |a 9781555707439 (alk. paper)
040  __  |a DLC |b eng |e rda |c DLC |d DLC
042  __  |a pcc
050  00  |a Z694 |b .W425 2012
082  00  |a 025.3/2 |2 23
100  1_  |a Welsh, Anne, |d 1972-
245  10  |a Practical cataloguing : |b AACR, RDA and MARC21 / |c Anne Welsh and Sue Batley.
264  _1  |a New York : |b Neal-Schuman Publishers, imprint of American Library Association, |c c2012.
300  __  |a xvi, 217 pages : |b illustrations ; |c 24 cm
336  __  |a text |b txt |2 rdacontent
337  __  |a unmediated |b n |2 rdamedia
338  __  |a volume |b nc |2 rdacarrier
500  __  |a Published simultaneously in the United Kingdom by Facet Publishing.
504  __  |a Includes bibliographical references and index.
            |a Catalogues and cataloguing standards -- The FRBRization of the catalogue -- Bibliographic
505  0_  elements -- Access points and headings -- RDA: resource description and access -- AACR and
            RDA -- MARC 21 -- Practical cataloguing : bringing it all together -- The birth of RDA and the
            death of MARC? -- Examples.
650  _0  |a Descriptive cataloging |v Handbooks, manuals, etc.
630  00  |a Resource description & access |v Handbooks, manuals, etc.
630  00  |a Anglo-American cataloguing rules |v Handbooks, manuals, etc.
650  _0  |a MARC formats |v Handbooks, manuals, etc.
700  1_  |a Batley, Sue.
```

BUILDING
LIBRARY
COLLECTIONS

Fourth Edition

by

Mary Duncan Carter
Wallace John Bonk
Rose Mary Magrill

The Scarecrow Press, Inc.
Metuchen N.J.   1974

Carter, Mary Duncan.
　　Building library collections ／ by Mary Duncan
Carter, Wallace John Bonk, Rose Mary Magrill. ―
4th ed. ― Metuchen, N.J. : Scarecrow Press, 1974.
　　xvi, 415 p. ; 23 cm.
　　Includes bibliographies.
　　ISBN 0-8108-0730-0

　　1. Book selection. 2. Acquisition (Librarires)
I. Bonk, Wallace John. II. Magrill, Rose Mary, III. Title.

Libraries in Post- Industrial Society

Edited by Leigh Estabrook

A Neal-Schuman Professional Book

 ORYX PRESS

Libraries in post-industrial society / edited by Leigh
    Estabrook — Phoenix, AZ : Oryx Press, c1977.
    xxiv, 337 p. ; 24 cm. — （A Neal-Schuman
    professional book）
    Bibliography: p. [321] -330.
    Includes index.
    ISBN 0912700009

    I. Estabrook, Leigh. II. Series.

Libraries in Post-Industrial Society

Edited by Leigh Estabrook

新改6